Dietrich Böhler

Unser Aufklärer Kant

EINFÜHRUNGEN
– Philosophie –

Band 30

LIT

Dietrich Böhler

Unser Aufklärer Kant

Eine narrative, zuweilen diskursive Hommage als Hinführung

Umschlagbild:
Zeichnung des Philosophen Immanuel Kant von Caroline von Keyserling, etwa 1755.
https://commons.wikimedia.org/wiki/Category:Caroline_von_Keyserling#/media/File:Der_junge_Kant_(Caroline_v._Keyserling).JPG

Bibliografische Information der Deutschen Nationalbibliothek
Die Deutsche Nationalbibliothek verzeichnet diese Publikation in der Deutschen Nationalbibliografie; detaillierte bibliografische Daten sind im Internet über https://dnb.dnb.de abrufbar.

ISBN 978-3-643-15600-6 (br.)
ISBN 978-3-643-35600-0 (PDF)

Verlagskontakt:
Fresnostr. 2 D-48159 Münster
Tel. +49 (0) 2 51-62 03 20
E-Mail: lit@lit-verlag.de https://www.lit-verlag.de

Auslieferung:
Deutschland: LIT Verlag, Fresnostr. 2, D-48159 Münster
Tel. +49 (0) 2 51-620 32 22, E-Mail: vertrieb@lit-verlag.de

Für Bernadette
und
Christiane

Inhaltsverzeichnis

Vorwort: Größe und Grenze der Aufklärung Kants

Das hier vorgelegte Büchlein will insoweit Kants Denkweg folgen und darstellen, als dieser eine neue Straße der Aufklärung ist. Dabei geht die Schrift biographisch und weithin immanent kritisch vor. So kommt sie zur eigentümlichen, primär ethischen Intensität und damit praktischen, zumal pädagogischen Größe Kants, der gewiß nicht in erster Linie Pädagoge, sondern Denker der Vernunft sein wollte: Wesensbestimmer und Grenzzieher der Vernunft, in diesem Sinne kritischer Aufklärer. Wie kein zweiter ist Kant aufmerksam auf den Geist der Zeit, der seit Machiavelli und Thomas Hobbes neuartig auf Rationalität setzt, diese nach dem Muster der in der Neuzeit stürmisch erfolgreichen *Kausalerklärung* buchstabierend und die theologische Weltdeutung ad acta legend.[1]

Diese Herausforderung – das wird hier vor Augen geführt – nimmt Kant an. Er setzt dem Siegeszug der instrumentalistischen Vernunft die Idee einer moralisch verbindlichen Vernunft entgegen – und wird darüber denn doch ein Pädagoge: nicht allein Kindererzieher, wiewohl er sich mit besten Argumenten auch als solcher profiliert[2], sondern Erzieher des Menschengeschlechts und Aufklärer der Aufklärung. Genau als solcher führt er einen normativen Begriff von *Kultur* ein. Als deren höchste und anzustrebende Stufe gibt er die *Moralisierung* an, die „Fertigkeit, nach Maximen der Menschheit zu handeln“, sprich: nach verallgemeinerungswürdigen Vernunftprinzipien, die einen „*Grund der Verbindlichkeit*“ bei sich führen.[3]

---

[1] Dazu hier S. 57 f.

[2] Dazu hier S. 33-39.

[3] Immanuel Kant, *Grundlegung zur Metaphysik der Sitten*, Vorrede, Akademieausgabe Bd. IV, S. 389. In der Theorie-Werkausgabe, hrsg. von W. Weischedel, Frankfurt a.M. (Suhrkamp) 1968 (zit.: *Werke*), Bd. VII, S. 13.

Die hier vorgelegte Schrift stellt diesen Begriff als Zentralbegriff sowohl der Kantschen Moralphilosophie[4] wie auch der modernen Kommunikationsreflexion heraus, die sich als *Beerbung* und *Aufhebung* von Kants Subjektdenken versteht. Und eben darauf zielt dieses Büchlein, begreift es doch den Menschen als Subjekt *in* Kommunikation und *in* Gemeinschaft.[5]

Kants philosophiegeschichtliche Größe liegt – das ist meine These hier – eben darin, daß sein Vernunftdenken fast an die Schwelle zur Kommunikationsreflexion führt und mit dem Verbindlichkeitsbegriff eben auch das grundlegende Konzept für eine solche Reflexion bereitstellt: *Moral ist praktische Vernunft*. Auf diese Schwelle kommt aber nur, wer die Vernunft nicht einfach wie ein Subjekt denkt, sondern als Subjekt in Kommunikation und kommunikativem Diskurs.[6] Darum geht es hier.

---

4 Hier S. 43-49.

5 Vgl. D. Böhler, *Rekonstruktive Pragmatik. Von der Bewußtseinsphilosophie zur Kommunikationsreflexion: Neubegründung der praktischen Wissenschaften und Philosophie*, Frankfurt a.M. 1985. Ders., *Verbindlichkeit aus dem Diskurs. Denken und Handeln nach der Wende zur kommunikativen Ethik – Orientierung in der ökologischen Dauerkrise*, Freiburg/München, Alber Studienausgabe 2014 (zit.: *Verbindlichkeit*).

6 Entfaltet in: D. Böhler, *Verbindlichkeit*, bes. Kap. II, III und IV.2 bis IV.6.

KIND DER RECHTSCHAFFENHEIT UND DES PIETISMUS

Kants Elternhaus und Schule öffneten ihm nicht den Weg zur Aufklärung, sondern hielten ihn in pietistischer Frömmigkeit und Strenge. Als eines von neun Kindern, das in dem kargen Haushalt des arbeitsamen, ehrlichen Riemermeisters Johann George Kant aufwuchs, erwarb Immanuel zuvörderst die Tugend der Wahrhaftigkeit als heilige Pflicht, sodann sekundäre Tugenden wie strenge Rechtlichkeit, Ordnungsliebe, Bescheidenheit und Fleiß. Noch als 73jähriger schrieb er im Entwurf zu einem Brief an den schwedischen Bischof *Lindblom*, daß „meine beiden Eltern (aus dem Handwerksstande) in Rechtschaffenheit, sittlicher Anständigkeit und Ordnung musterhaft, ohne ein Vermögen (aber doch auch keine Schulden) zu hinterlassen, mir eine Erziehung gegeben haben, die von der moralischen Seite betrachtet gar nicht besser seyn konnte, und für welche ich bei jedesmaliger Erinnerung an dieselbe mich mit dem dankbarsten Gefühle gerührt finde".

Karl *Vorländer*, dem wir zwei der zuverlässigsten und materialreichsten Biographien Kants verdanken, erschließt hierzu noch eine weitere Quelle: F. Th. Rink, *Ansichten aus J. Kants Leben*, erschienen in Königsberg 1805. Dort zitiert *Rink* den alten Kant so: „Man sage dem Pietismus nach, was man will. Genug! Die Leute, denen er ein Ernst war, zeichneten sich auf eine ehrwürdige Weise aus. Sie besaßen das Höchste, was der Mensch besitzen kann, jene Ruhe, jene Heiterkeit, jenen inneren Frieden, der durch keine Leidenschaft beunruhigt wurde. Keine Not, keine Verfolgung setzte sie in Mißmut, keine Streitigkeit war vermögend, sie zum Zorn und zur Feindschaft zu reizen... Noch entsinne ich es mich, wie einst zwischen dem Riemer- und Sattlergewerke Streitigkeiten über ihre gegenseitigen Gerechtsame ausbrachen, unter denen auch mein Vater erheblich litt. Aber dessen ungeachtet wurde selbst bei der häuslichen Unterhaltung dieser Zwist mit solcher Schonung und Liebe in betreff der

Gegner von meinen Eltern behandelt und mit einem solchen festen Vertrauen auf die Vorsehung, daß der Gedanke daran, obwohl ich damals ein Knabe war, mich dennoch nie verlassen hat."[7]

An das Gymnasium, das rigide pietistische Collegium Fridericianum, erinnert sich der alte Kant trotz bleibender Sympathie für dessen Prinzipal Franz Albert *Schultz*, einen Pietisten und Wolffianer, nur mit Grausen. Kant, der in seinen Pädagogikvorlesungen forderte, man solle die Kinder in Freiheit erziehen und so, daß sie auf der Schule heiter seien, gestand seinem Freund Theodor Gottlieb *von Hippel*, es überfielen ihn „Schrecken und Bangigkeit, wenn er an jene Jugendsklaverei zurückdächte".[8] Umgekehrt muß das Collegium Fridericianum von tiefster Abneigung gegen den kritischen Impetus, den aufklärerischen Geist und die Vernunftautonomie der Kantschen Philosophie erfüllt gewesen sein. Jedenfalls berichtet Karl Vorländer 1927, daß noch seinerzeit die Anstaltsbibliothek keinen einzigen Band ihres berühmtesten Schülers enthalten habe – wohl aber mancherlei der philosophischen Produktion zwischen *Descartes*, *Leibniz*, *d'Alembert* und *Garve*.[9]

---

[7] Zitiert nach: Karl Vorländer, *Kants Leben*. Neu herausgegeben von Rudolf Malter, Hamburg 1974, S. 4, und zuvor bereits: S. 3 f.

[8] Vorländer, ebd., S. 10.

[9] Ebd., S. 42. Vgl. auch die Biographie in Briefen seines Schülers Reinhold B. Jachmann, in: *Immanuel Kant: Sein Leben in Darstellungen von Zeitgenossen*, ed. F. Groß, Darmstadt (Wiss. Buchgesellschaft) 1980 (zit.: Groß, *I. Kant*); hier S. 125, 128.

Königsberger Student der Aufklärung

Gerade 16 ½ Jahre alt, immatrikulierte sich Kant an der Königsberger Universität, der Albertina, und wurde, seiner Jugend wegen, noch nicht vereidigt, sondern durch Handschlag des Rektors auf den verlesenen Eid verpflichtet, nachdem er zuvor wie alle anderen eine Aufnahmeprüfung abgelegt hatte. Das Abitur, als Prüfung der Hochschulreife, sollte erst 1787 eingeführt werden. Für welche Fakultät sich Kant eingeschrieben hat, wissen wir nicht. Doch standen sicher Philologie, Mathematik, Naturwissenschaft und die in Königsberg noch wenig geachtete ‚Magd der Theologie', ancilla theologiae, die Philosophie, im Brennpunkt seines Bildungsinteresses, das mit Ausnahme der am Fridericianum – wenn auch bloß elementar und vor allem grammatisch – vermittelten klassischen Philologie dem Lehrangebot der Schule komplementär war.

An der miserabel ausgestatteten, permanent unterfinanzierten Universität Königsberg fanden sich kaum bemerkenswerte Lehrer. Neben dem hier als Theologen lehrenden Prinzipal Schultz, der Pietismus und Wolffsche Aufklärungsphilosophie zu versöhnen suchte, ragte der junge Martin *Knutzen*, außerordentlicher Professor für Logik und Metaphysik, hervor. Zwar auch Wolffianer und Pietist zugleich, war er doch viel weltoffener und experimentierfreudiger als Schultz, zudem sehr scharfsinnig und ebenso logisch wie pädagogisch begabt. Kant war von dem nur zehn Jahre älteren, überaus fleißigen Allround-Gelehrten fasziniert und hörte bei ihm Mathematik, Algebra, Logik, höhere Mathematik, allgemeine Philosophie, praktische Philosophie, vermutlich auch höhere Astronomie, rationale Psychologie, Naturphilosophie und Naturrecht. Auch Rhetorik und Diskutierübungen belegte er bei ihm, zu dem sich schnell ein Freundschaftsverhältnis entwickelte: Knutzen lädt Kant zu sich ein und bietet ihm an, seine Privatbibliothek zu benutzen. Er leiht ihm *Newtons* Werke sowie alles, wonach es den wißbegierigen Studenten in dieser reich versehenen Bibliothek verlangte.

Vom Fridericianum brachte Kant eine große Vorliebe für die römischen Klassiker und eine ausgeprägte philologische Neigung mit. Vieles spricht dafür, daß er wie Lessing die Karriere eines humanistisch literarischen Aufklärers oder wie sein Schulfreund David *Ruhnken* die eines aufgeklärten Universitätsphilologen gemacht hätte, wenn es um die Philologie in Königsberg nicht so erbärmlich bestellt gewesen wäre oder wenn er, wie Ruhnken, über Geld genug verfügt hätte, um Königsberg den Rücken kehren zu können und an einer humanistischen Universität weiter zu studieren.

Aus dem unfestgelegten studiosus generalis Immanuel Kant konnte in Königsberg kein Philologe werden. Knutzen orientierte ihn denn auch schnell in eine andere Richtung: Naturwissenschaft und Philosophie fesselten ihn zunehmend, wenngleich er seiner frühen Liebe zu den Lateinern treu blieb und gerne *Horaz* oder auch *Cicero* zitierte – im Werk wie im Umgang. Das Interesse an empirischer Wissenschaft und an deren Theorie, ferner die Diskussionen mit dem darin bewanderten jungen Dozenten dürften Kant den entscheidenden Richtungsstoß gegeben haben. Und bald schon, in seiner zum Sommersemester 1746 eingereichten und sein Studium abschließenden Arbeit „Gedanken von der wahren Schätzung der lebendigen Kräfte", entwickelte er auch eine erste philosophische Orientierung: Kühn, belesen, aber mathematisch amateurhaft, mischt er sich in den Streit, der zwischen *Leibnizens* Kraftbegriff und der Newtonschen Mechanik, ja insgesamt zwischen der „Leibnizschen Partei" und den Repräsentanten der klassischen Mechanik wie *Euler* über die Frage anhängig war, ob die Kraft eines bewegten Körpers das Produkt aus Masse und Quadrat der Geschwindigkeit oder aber aus Masse und einfacher Geschwindigkeit sei.

Zwar ist es noch weit bis zur erkenntniskritischen Kursbestimmung in seinem großen „Traktat von der Methode", der 1781 erscheinen wird, der Maxime, gleichsam zwischen der Skylla des empiristischen Skeptizismus à la *Locke* und *Hume* und der Charybdis des rationalistischen Dogmatismus nach Art von *Leibniz* und *Wolff* hindurchzusegeln; aber Kant rückt schon die *Methode der „Kunst zu denken"* in den Mittelpunkt. So gibt er diesen „Leitfaden der Methode" für naturphilosophische Auseinandersetzungen:

„Man muß eine Methode haben, vermittels man in jedwedem Falle, durch eine allgemeine Erwägung der Grundsätze, worauf eine gewisse Meinung erbaut wurde, und durch die Vergleichung derselben mit der Folgerung, die aus denselben gezogen wird, abnehmen kann, ob auch die Natur der Vordersätze alles in sich faße, was in Ansehung der hieraus geschlossenen Lehren erfordert wird. Dieses geschiehet, wenn man die Bestimmungen, die der Natur des Schlußsatzes anhängen, genau bemerket, und wohl darauf Acht hat, ob man auch in der Konstruktion des Beweises solche Grundsätze gewählt habe, die auf die besonderen Bestimmungen eingeschränkt sind, welche in der Konklusion stecken. Wenn man dieses nicht so befindet, so darf man nur sicher glauben: daß diese Schlüsse, die auf eine solche Art mangelhaft sind, nichts beweisen."[10]

Seine Abhandlung versteht er strikt als Anwendung dieser Methode (§ 88). Und er untersteht sich, „zu sagen, daß die Tyrannei der Irrtümer über den menschlichen Verstand, die zuweilen ganze Jahrhunderte hindurch gewähret hat, vornehmlich von dem Mangel dieser Methode, oder anderer, die mit derselben eine Verwandtschaft haben, hergerühret hat, und daß man sich also dieser nunmehr vor anderen zu befleißigen habe, um jenem Übel inskünftige vorzubeugen".[11] Diese Methode der Prämissenanalyse und des Vergleichs zwischen Prämissen und Konklusionen soll dem Verstand allein einen *kritischen Weg* offenlassen.

Erst ein Menschenalter später, 1781, wird er den „kritischen Weg" in der *„Kritik der reinen Vernunft"* als Metaphysikkritik bestimmen: durch die „kopernikanisch" genannte Wende vom Spekulieren über das Wesen der Dinge zur *„transzendentalphilosophischen"* Rückfrage, welches denn

---

[10] „Gedanken von der wahren Schätzung der lebendigen Kräfte", in: I. Kant, *Werke*, Bd. I, S. 114 (§ 88), vgl. S. 183 (§128).

[11] Ebd., S. 116 f. (§ 89).

die „Bedingungen der Möglichkeit“ einer objektiven Erfahrung der Dinge seien.[12] Hier wird er die metaphysisch spekulative Tendenz der Vernunft durch die erkenntniskritische Selbstaufklärung der Vernunft ersetzen. Wo metaphysische Spekulation war, soll „transzendentale Erkenntnis“ Platz greifen: „Ich nenne alle Erkenntnis transzendental, die sich nicht sowohl mit Gegenständen, sondern mit unserer *Erkenntnisart* von Gegenständen, sofern diese a priori möglich sein soll, überhaupt beschäftigt. Ein System solcher Begriffe würde Transzendentalphilosophie heißen“ als „Wissenschaft unter dem Namen einer Kritik der reinen Vernunft“[13]. Erst die von ihr ermöglichte Grenzbestimmung des reinen Vernunftvermögens sei der „sichere Probierstein“, um „den philosophischen Gehalt alter und neuer Werke“ der Metaphysik zu schätzen.[14]

Soweit ist der Absolvent beileibe noch nicht. Immerhin fordert schon der Jüngling – vierunddreißig Jahre vor der ersten Kritik – eine metaphysikkritische Einstellung und setzt „gründliche Wissenschaft“ gegen „große Weltweisheit“, selbstkritische Nüchternheit gegen unkritische spekulative Erkenntniserweiterung: „Unsere Metaphysik ist [...] in der Tat nur an der Schwelle einer recht gründlichen Erkenntnis; Gott weiß, wenn man sie selbige wird überschreiten sehen.“[15] So arbeitet sich der junge Aufklärer zum kritischen Denker der Aufklärung vor; er sucht *Grundsätze* zur Bestimmung des Vermögens, sich des eigenen Verstandes selbständig und rechtfertigungsfähig zu bedienen.

Wie mit Fanfarenstößen spricht der junge Kant sogleich in dem nicht bloß vorurteilskritischen sondern metaphysikkritischen Pathos seines späten Hauptwerkes, wenn auch von einer kontinuierlichen Entwicklung hin zu dessen neuer Fragestellung nicht die Rede sein kann. Immerhin, ein wenig scheint auch in diesem Falle an dem Selbststilisierungsmythos mancher Philosophen dran zu sein, den im 20. Jahrhun-

---

12 *Kritik der reinen Vernunft*, B XVI f. und B XXII, Anmerkung.

13 Ebd., B XXIV f.

14 Ebd. B XXVII.

15 I. Kant, „Gedanken...“, in: *Werke*, Bd. I, S. 42 (§ 19).

dert etwa Ernst *Bloch* und Martin *Heidegger* gepflegt haben: ein großer Denker dächte eigentlich nur *einen* Gedanken. Schon vor Beginn seines ersten Sichmessens mit den größten Geistern der Neuzeit schmettert der Zweiundzwanzigjährige: „Ich habe mir die Bahn schon vorgezeichnet, die ich halten will. Ich werde meinen Lauf antreten und nichts soll mich hindern, ihn fortzusetzen.“[16]

Maliziöse Bemerkungen lassen sich freilich, wenn man den Inhalt der Schrift genauer studiert, schwer unterdrücken. Kant meint, den Streit zwischen der Cartesisch-Newtonschen und der Leibnizschen Partei durch einen Vermittlungsvorschlag lösen zu können – und blamiert sich. Der *Leibnizschen* Formel spricht er Gültigkeit für die in „freie“ Bewegung übergehenden Körper zu, der *Cartesischen* hingegen für die „toten“ Kräfte und „unfreien“ Bewegungen. Trotz breiter Literaturkenntnis übersieht er, daß der Streit durch den 1743 erschienenen „Traité de dynamique“ von *d'Alembert* bereits ad acta gelegt worden war. Andererseits spekuliert er über den Raum und erwägt, ob der von uns erlebte dreidimensionale Raum ein Spezialfall in einem System von Raumarten ist, womit er beinahe Albert *Einstein* vorgreift. Jedoch führt er keine Beweise an, sondern schließt aus der göttlichen Allmacht, daß Gott den Dingen auch andere als die uns vertrauten Dimensionen geben könne. So konnte der humanistische Aufklärer *Lessing*, obzwar mit seinen achtzehn Jahren durchaus nicht sachkundiger aber auf der Höhe des Bildungswissens, das kühne Königsberger Opusculum und dessen Autor der Lächerlichkeit des räsonnierenden Publikums preisgeben, indem er ihm folgendes Epigramm anheftete:

„K* unternimmt ein schwer Geschäfte,/ Der Welt zum Unterricht./ Er schätzet die lebendigen Kräfte,/ Nur seine schätzt er nicht.“

[16] Ebd., S. 19 (Vorrede VII).

Denker und Didaktiker der Aufklärung

Bei seinem Lehrer Martin *Knutzen* hatte Kant eine freie Aufklärungsatmosphäre kennengelernt, die ihn viel mehr als dessen explizite Philosophie angezogen hat. Dafür spricht, daß er stets mit großer Bewunderung von der Person Knutzens gesprochen, nie aber eine seiner Schriften zitiert hat. Der ungezwungene Stil eines aufgeklärten Philosophierens, der herrschaftsfreie Diskurs gleichberechtigter Diskussionspartner begeisterte den jungen Mann, begeisterte sein fast unstillbares Bedürfnis nach Autonomie, nach freiem Denken und selbständigem Urteil. Einen philosophischen Klassiker, ein Schulhaupt, hat Kant niemals anerkannt. Eine philosophische Autorität wäre ihm als contradictio in adjecto erschienen. Noch 1790, als 66jähriger, schreibt er mit jugendlichem Schwung und Spott gegen Johann August *Eberhard*, den unfehlbaren Hallenser Papst der Wolff-Schule: „Was philosophisch – richtig sei, kann und muß keiner aus Leibnizen lernen, sondern der Probierstein, der dem einen so nahe liegt, wie dem anderen, ist die gemeinschaftliche Menschenvernunft, und es gibt keinen *klassischen Autor* der Philosophie."[17]

Als cantus firmus durchzieht dieser egalitäre und universalistische Impetus, der zugleich Grundsatz der Aufklärung und Kriterium für aufgeklärtes Denken ist, das Philosophieren und Handeln Immanuel Kants. Die gemeinschaftliche Menschenvernunft, die im Prinzip jedes intelligente Wesen umfaßt, wie er in der Vorrede zur *„Grundlegung der Metaphysik der Sitten"* betont, ist ein „Probierstein", den nur der Selbstdenker, der sich auf seine Autonomie Stellende und in diesem Sinne Philosophierende, handhaben kann.

Das Denken, das Philosophieren versteht Kant zunehmend klarer als eine autonome, logische und reflexive Praxis. Im

---

[17] I. Kant, „Über eine Entdeckung, nach der alle neue Kritik der reinen Vernunft durch eine ältere entbehrlich gemacht werden soll", in: *Werke*, Bd. V, S. 334.

Lichte dieses Philosophieverständnisses skizziert er als Privatdozent so etwas wie eine diskursive Didaktik der Philosophie. In seiner „*Nachricht von der Einrichtung seiner Vorlesungen in dem Winterhalbenjahre, von 1765/1766*" vertritt er die Maxime: Der Philosophiestudent „soll nicht *Gedanken* sondern *denken* lernen; man soll ihn nicht tragen, sondern *leiten*, wenn man will, daß er in Zukunft von sich selbsten zu *gehen* geschickt sein soll.

Eine solche Lehrart erfordert die der Weltweisheit eigene Natur. Da diese aber eigentlich nur eine Beschäftigung vor des Mannesalter ist, so ist kein Wunder, daß sich Schwierigkeiten hervortun, wenn man sie der ungeübteren Jugendfähigkeit bequemen will. Der den Schulunterweisungen entlassene Jüngling war gewohnt zu *lernen*. Nunmehro denkt er, er werde *Philosophie lernen*, welches aber unmöglich ist, denn er soll jetzt *philosophieren lernen*."[18]

Eben diese Herausforderung zum Selbstdenken und dementsprechend die diskursive Form des Philosophieunterrichts scheint Kants Studenten befreit und begeistert zu haben. Der junge *Herder* hat diesen Enthusiasmus über die emanzipatorische Kraft des Kantschen Philosophierens in den Versen ausgedrückt:

„Als ich in Sklavenketten lag, da kam Apoll.
Die Fessel weg! Mein Erdenblicken ward hoch.
Er gab mir Kant!"

Als Herder später in seinem „*Journal meiner Reise im Jahre 1760*" Reformgedanken über den Philosophieunterricht vorträgt, ruft er nicht minder enthusiastisch aus: „Ein lebendiger Unterricht darüber im Geiste eines *Kants*, was für himmlische Stunden!"[19]

Die „*Nachricht*" von 1765, zuvor schon die Berliner Preisschrift von 1764, seine „Untersuchung über die Deutlichkeit der Grundsätze der natürlichen Theologie und der Moral", und mehr noch der, im Stil freilich noch ganz popu-

[18] I. Kant, *Werke*, Bd. II, S. 908.

[19] Zitiert nach: K. Vorländer, *Immanuel Kant. Der Mann und das Werk*. Zweite erweiterte Auflage, Hamburg 1977, Bd. I, S. 145 und 147.

larphilosophische, ja locker polemische Essay „*Träume eines Geistersehers, erläutert durch Träume der Metaphysik*" bilden gleichsam die Schwelle, über die Kant aus seiner „vorkritischen" in seine „kritische" Periode schreitet. Hier kreuzen sich verschiedenartige Motive, der Perspektive fehlt die scharfe Kantische Klarheit; nicht nur Unentschiedenheiten, auch Zweideutigkeiten bleiben.

Am klarsten scheint noch die „*Nachricht*" zum Wintersemester 1765 auf 1766, wiewohl auch sie komplex ist, so daß es ratsam ist, hier genauer hinzusehen und verschiedene Gesichtspunkte zu unterscheiden. Ihr Ausgangspunkt ist nicht direkt die Maxime der Aufklärung, sondern ein teleologischer, rousseauistischer Gesichtspunkt. Denn Kant fordert hier, „den öffentlichen Unterricht ... mehr nach der Natur zu bequemen, wo nicht mit ihr gänzlich einstimmig zu machen". So beginnt er mit einer Art Entwicklungslogik aus rousseauistischem Geist und getragen von einem induktivistischen Optimismus, der an den Empirismus *Humes* erinnert. Die Nähe zum Empirismus ist hier so frappant, daß Ernst *Cassirer* darin nur Vorkritisches finden konnte: das in diesem Text angenommene Verhältnis zwischen ‚Erfahrung' und ‚Denken', zwischen ‚Wissen' und ‚Leben' sei popularphilosophisch nivelliert und entbehre seiner immanenten Spannung bzw. Gegensätzlichkeit. „Das Denken selbst und seine Systematik ist, wie es hier verstanden wird, nichts anderes als die geläuterte, von Aberglauben und Vorurteilen befreite, und durch die Kraft des Analogieschlusses ergänzte erweiterte Erfahrung."[20] Ergänzend weist Karl *Vorländer* darauf hin, daß Kant in jenem Text „überall mit der Erfahrung beginnen und vom Leichteren zum Schwereren fortschreiten" will.[21]

Sicher ist Vorländers Charakteristik richtig und Cassirers Kritik nicht ohne weiteres von der Hand zu weisen, betrachten wir aber Kants Begründung seines Ausgangspunkts näher und ziehen wir ihren Kontext heran, so wird sich der

---

[20] E. Cassirer, *Kants Leben und Lehre*, Darmstadt 1977, S. 53.

[21] K. Vorländer, *Immanuel Kant. Der Mann und das Werk,* Bd. I, S. 164.

Leseeindruck differenzieren. Kant fährt nämlich an der zitierten Stelle folgendermaßen fort: „Denn da der natürliche Fortschritt der menschlichen Erkenntnis dieser ist, daß sich zuerst der Verstand ausbildet, indem er durch Erfahrung zu anschauenden Urteilen und durch diese zu Begriffen gelangt, daß darauf diese Begriffe im Verhältnis mit ihren Gründen und Folgen durch Vernunft und endlich in einem wohlgeordneten Ganzen vermittelst der Wissenschaft erkannt werden, so wird die Unterweisung eben denselben Weg zu nehmen haben. Von einem Lehrer wird also erwartet, daß er an seinem Zuhörer ernstlich den *verständigen*, dann den *vernünftigen* Mann, und endlich den *Gelehrten* bilde. Ein solches Verfahren hat den Vorteil, daß, wenn der Lehrling gleich niemals zu der letzten Stufe gelangen sollte, ... er dennoch durch die Unterweisung gewonnen hat, und, wo nicht vor die Schule, doch vor das Leben geübter und klüger geworden.

Wenn man diese Methode umkehrt, so erschnappet der Schüler eine Art der Vernunft, ehe noch der Verstand an ihm ausgebildet wurde, und trägt erborgte Wissenschaft, die an ihm gleichsam nur geklebt und nicht gewachsen ist, wobei seine Gemütsfähigkeit noch so unfruchtbar wie jemals, aber zugleich durch den Wahn von Weisheit viel verderbter geworden ist. Dieses ist die Ursache, weswegen man nicht selten Gelehrte (eigentlich Studierte) antrifft, die wenig Verstand zeigen, und warum die Akademien mehr abgeschmackte Köpfe in die Welt schicken als irgendein anderer Stand des gemeinen Wesens.“[22]

Kants Kritik an solchen schlechten akademischen Resultaten leuchtet wohl jedermann ein; aber reicht sie zu als Begründung für den skizzierten entwicklungslogischen Dreischritt? Der Vernunft- und ebenso der Wissenschaftsbegriff dieses entwicklungslogischen Fortschrittschemas bleiben unbestimmt; und die mangelnde Verhältnisbestimmung leistet naiven linearen bzw. Schritt-für-Schritt-Erwartungen Vorschub, denen man immer noch begegnen kann, bei manchen Didaktikern etwa und manchen Konstruktivisten. Da-

---

22 I. Kant, *Werke*, Bd. II, S. 907 f.

durch wird eine Kritik wie die von *Cassirer* herausgefordert und schärfer noch, eine transzendental-phänomenologische und eine transzendental-pragmatische Kritik, die gemeinsam monieren könnten, daß das Spezifikum des Philosophierens auf keiner der drei Stufen zum Zuge kommt.

Man denke an die strikt reflexive Einstellung der transzendentalen Selbstbesinnung des Philosophen „*über* die Geltungsvorgegebenheit der Welt", die zu einer „universalen Epoché" und einer „*totalen Änderung* der natürlichen Einstellung" führe,[23] um mit Edmund *Husserl* zu sprechen. Analog würde ein Transzendentalpragmatiker die strikt reflexive Einstellung der Diskursrationalität vermissen, die ebenfalls eine transzendentale Differenz zu möglichen Tatsachenwelten und damit eine methodische Einklammerung des möglichen theoretischen Wissens der Wissenschaften über solche Tatsachenwelten zur Voraussetzung hat. Die rein reflexive Diskursrationalität beruht ausschließlich auf der Selbstbesinnung der Argumentationssubjekte, die sich als *Mitglieder* der (von der Sinnbasis einer realen Sprachgemeinschaft mitgetragenen) *unbegrenzbaren Kommunikationsgemeinschaft als Argumentationsgemeinschaft* wissen – und mithin als gleichberechtigte und in gleicher Weise mitverantwortliche *Partner* in einem *argumentativen Dialog*.[24]

Eine derartige Kritik, die das reflexive Spezifikum des sichwissenden Philosophierens einklagt, und die sich auch auf *Hegels* Konzept des absoluten Wissens, zumal wenn man es mit Theodor *Litt* oder Ånund *Haga* entsubstantialisiert und sprachpragmatisch reformuliert, stützen kann, zielt

---

[23] Edmund Husserl, *Die Krisis der europäischen Wissenschaften und die transzendentale Phänomenologie*. Husserliana Bd. VI, Haag 1976, S. 151 und S. 153.

[24] D. Böhler, „Dialogreflexive Sinnkritik als Kernstück der Transzendentalpragmatik. Karl-Otto Apels Athene im Rücken", in: D. Böhler, M. Kettner u. G. Skirbekk (Hg.): *Reflexion und Verantwortung. Auseinandersetzungen mit Karl-Otto Apel*, Frankfurt a.M. 2003. S. 15-43. Ders., *Verbindlichkeit*, bes. S. 16, 278-282, 285-299, 448-453; vgl. 50 f., 71 f.

aber letztlich auf den ganzen Kant.[25] Denn eine gewisse Reflexionsvergessenheit hängt auch der „Kritik der reinen Vernunft" an, weil sie nur in einer vergegenständlichenden theoretischen Einstellung das Vernunftvermögen thematisiert, ohne sich selbst *als* philosophierend zu wissen. Einwände dieser Art fordern einen *diskursreflexiven* Begriff der Philosophie als Selbstaufklärung der Vernunft und machen eine prinzipielle Grenze des Kantischen Denkens kenntlich. Wir haben damit unseren Gegenstand kritisch eingegrenzt und gehen nun wieder gleichsam in ihn hinein.

Bedeutsam ist und bleibt, daß Kant in der „*Nachricht*" mit jenem Entwicklungsschema den genuin kritischen Gesichtspunkt einer diskursiven Unterrichtsmethode verbindet, sowohl um den „Lehrling ... aus dem Lande des Vorurteils und des Irrtums in das Gebiete der aufgeklärteren Vernunft der Wissenschaften" hinübergehen zu lassen, als auch um „der Weltweisheit eigener Natur", die im zurückfragenden Selbstdenken bestehe, gerecht zu werden.[26]

Gegenüber den Wissenschaften, für die charakteristisch sei, daß man sie „im eigentlichen Verstande lernen kann", seien es die historischen oder die mathematischen, habe die Philosophie eine eigentümliche *Methode*: sie sei nämlich „*zetetisch*, wie sie einige Alten nannten (von ζητείν), d.i. *forschend* und wird nur bei schon geübterer Vernunft in verschiedenen Stücken *dogmatisch,* d.i. *entschieden.* Auch soll der philosophische Verfasser, den man etwa bei der Unterweisung zum Grunde legt, nicht wie das Urbild des

---

[25] Th. Litt, *Hegel. Versuch einer kritischen Erneuerung*, Heidelberg 1953, S. 66-78, passim; Å. Haga, „Phenomenology and Self-Reflection", in: Zeitschrift für allgemeine Wissenschaftstheorie, Bd. XIV, Heft 1, 1985, S. 37 ff.; D. Böhler, „Rechtstheorie als kritische Reflexion", in: G. Jahr u. W. Maihofer (Hg.), *Rechtstheorie. Beiträge zur Grundlagendiskussion*, Frankfurt a.M. (Klostermann) 1971, S. 62 ff. Ferner: W. Kuhlmann, *Reflexion und kommunikative Erfahrung*, Frankfurt a.M. 1975, S. 30 ff., 145 ff. und 205 ff.; und last but not least: Richard Kroner, *Von Kant bis Hegel*, Bd. I, Tübingen 1921, S. 109 ff., 118 f., 139 ff. und Bd. II, ebd. 1924, S. 282-305, 397 ff., passim.

[26] I. Kant, *Werke*, Bd. II, S. 913 und 908.

Urteils, sondern nur als eine Veranlassung, selbst über ihn, ja sogar wider ihn zu urteilen, angesehen werden, und die Methode, *selbst* nachzudenken und zu schließen, ist es, deren Fertigkeit der Lehrling eigentlich sucht, die ihm auch nur allein nützlich sein kann, und wovon die etwa zugleich erworbene entschiedene Einsichten als zufällige Folgen angesehen werden müssen, zu deren reichem Überflusse er nur die fruchtbare Wurzel in sich zu pflanzen hat.“[27]

Die aus der Natur der Philosophie gerechtfertigte Unterrichtsmethode des nachforschenden Diskurses bzw. der Einübung in diesen bringt Kant in Gegensatz zu dem „davon so sehr abweichenden gemeinen Verfahren“. In der zetetischen Methode erblickt er das Organon „einer Kritik und Vorschrift des *gesunden Verstandes*, so wie derselbe einerseits an die groben Begriffe und die Unwissenheit, anderer Seits aber an die Wissenschaft und Gelehrsamkeit angrenzt“.[28]

Demgegenüber pflegt Kant in den 1766 veröffentlichten „*Träumen eines Geistersehers*“, zum Befremden auch so wohlmeinender Zeitgenossen wie Moses *Mendelssohn*, der ihn schon drei Jahre zuvor öffentlich zur Ausarbeitung eines neuen Systems aufgefordert hatte, und erst recht zur Verwunderung anspruchsvoller Neukantianer wie Ernst *Cassirer*, eine spielerisch satirische, manchmal fast plaudernde, urban lockere Skepsis à la *Montaigne*, auf den er anspielt, ohne ihn zu zitieren. Gleichwohl ist es, als habe die Bühne gewechselt: Gegenüber den Visionen des Erzphantasten *Swedenborg* macht Kant Montaignes Attitüde des „Que sais je“ zum Stilmittel, um das losgelassene Spekulieren zwischen Gott und Welt kritisieren zu können.

Gleichviel, ob es „Träumer der Empfindung“ wie Swedenborg, oder „Träumer der Vernunft“ wie die Aufklärungsphilosophen *Wolff* und *Crusius* sind, solche Träumer täten ihre Augen nicht mehr „zu einem Blicke auf, der die Einstimmung mit anderem Menschenverstand nicht ausschließt“. Beiderlei Träumern hält Kant sokratisch das sinnkritische

---

[27] Ebd., S. 908 und 909 f.

[28] Ebd., S. 910 und 912 f.

Wissen von den Grenzen des positiven Wissens entgegen.[29] Montaignes „mehrenteils vernünftiges *Ich weiß nicht*, [das] auf Akademien nicht leichtlich gehöret wird", das im Sinne einer durch Erfahrung gereiften und zur Weisheit gewordenen Vernunft bereits Sokrates geltend gemacht hatte, nötige „die Wissenschaft zu der Bestimmung der ihr durch die Natur der menschlichen Vernunft gesetzten Grenzen".[30]

Die 1766 in essayistischer Form zur Geltung gebrachte Skepsis läßt sich mit *Hegel* als kritischer Angelpunkt in der „Geschichte der Bildung des Bewußtseins zur Wissenschaft" verstehen: als eine, sich im Diskurs vollbringende, methodische Skepsis, die jeweils zetetisch prüft, „was Wahrheit ist".[31] Begründen läßt sie sich durch eine transzendentalphilosophische Sinnkritik, die den Anspruch auf wahre, intersubjektiv gültige theoretische Aussagen in die Grenzen möglicher Erfahrung verweist. Einen solchen Weg der Vernunftkritik, der die Philosophie auf eine kritische Methode gründe, wird Kant von nun an immer bewußter suchen.

So will er die zetetische Prüfung durch jene „eigentümliche Methode der Metaphysik" anleiten, die er in der „*Nachricht*" als Organon der Wissenschaften und der Philosophie bzw. der Weltweisheit ansieht.[32] Im Zusammenhang mit diesem genuin kritischen Gesichtspunkt scheint auch Kants Anknüpfung an *Rousseau* zu stehen. Zunächst in der „Nachricht", später in der Pädagogikvorlesung führt Kant ein rousseauistisch inspiriertes *Dreierschema* der Entwicklung vom „bloß *verständigen* zum *vernünftigen* Mann und von diesem zum *Gelehrten*" in die moralische Ontogenese ein. Nun aber nicht so, daß dadurch der „Dualismus zwischen der Welt des

---

29 Ebd., S. 952 f. und S. 963.

30 Ebd., S. 925 und 984.

31 Im Blick auf den Geist der Aufklärung sagt Hegel: „Der sich auf den ganzen Umfang des erscheinenden Bewußtseins richtende Skeptizismus macht ... den Geist erst geschickter zu prüfen, was Wahrheit ist, indem er eine Verzweiflung an den sogenannten natürlichen Vorstellungen, Gedanken und Meinungen zustande bringt." Hegel, *Phänomenologie des Geistes*, hrsg. von J. Hoffmeister, Hamburg 1948, S. 28.

32 Ebd., S. 913.

Seins und der Welt des Sollens, zwischen Physik und Ethik" ignoriert werde, wie Cassirer argwöhnt.[33] Vielmehr schickt der junge Kant voraus, er wolle die „am weitesten in der Aufsuchung der ersten Gründe aller Sittlichkeit" gelangten Versuche von *Shaftesbury*, *Hutcheson* und *Hume* kritisch präzisieren, indem er „jederzeit dasjenige historisch und philosophisch erwäge, was *geschieht*", ehe er anzeige, „was *geschehen soll*".[34]

Entscheidend ist, daß er das Dreierschema auf die moralische Entwicklung anwendet, indem er einen „Stand der *rohen* Einfalt" von einem Stande der „*weisen* Einfalt" unterscheidet *und* den qualitativen Sprung einer Adoleszenzkrise annimmt: den kritischen Übergang zu einem moralischen Urteilsniveau, das die „höchste Stufe der physischen oder moralischen Vortrefflichkeit zu berühren trachtet, aber von beiden mehr oder weniger abweicht".[35] Sicherlich gibt der Ankündigungstext zu wenig her, als daß sich daraus ohne Umschweife eine Theorie der kognitiven und moralischen Entwicklung ablesen ließe. Aber die Frage, ob wir Kant hier zwischen *Rousseau* und *Hutcheson* einerseits und einer *Kohlbergschen* Entwicklungslogik andererseits lokalisieren und diskutieren sollten, ist wohl nicht von der Hand zu weisen.

---

[33] E. Cassirer, a.a.O., S. 51.
[34] I. Kant, *Werke,* Bd. II, S. 914.
[35] Ebd., S. 915.

Stufenschema der Moralentwicklung nach L. Kohlberg

I vorkonventionelle Stufe	1 „Orientierung an Bestrafung und Gehorsam
	2 „Naiv egoistische Orientierung an Gegenseitigkeit“

↓ 1. Reifungskrise ↓

II konventionelle Stufe	3 „Orientierung am Idealtypus des guten Jungen“
	4 „Orientierung an Aufrechterhaltung von Autorität und sozialer Ordnung“

↓ 2. Reifungskrise ↓

III nachkonventionelle Stufe	5 „Legalistische Vertragsorientierung“
	6 „Orientierung am Gewissen oder an Prinzipien

Nach: Lawrence Kohlberg: *Zur kognitiven Entwicklung des Kindes*, Frankfurt a. M. 1974, S. 60 f.

Entspricht nicht das Herausgehen aus den Grenzen des „Standes der weisen Einfalt“ und das Übergehen auf die höchste Stufe einer ausdrücklichen autonomen Suche nach dem jeweiligen Sollen dem krisenhaften Übergang, den Kohlberg vom Orientierungsniveau des konventionellen sittlichen Urteils zu dem metakonventionellen Niveau eines autonomen, von Prinzipien geleiteten Gewissensurteils rekonstruiert hat?

An diesem Vergleich müßte etwas dran sein, wenn anders meine Interpretation der „*Nachricht*“, von ihrem zweiten Gesichtspunkt als ihrem philosophiedidaktischen Zentrum her, nicht fehlgeht.

Von diesem didaktischen Gesichtspunkt her zeigt sich nämlich die Skizze als Entwurf einer reflektierten Aufklärungsdidaktik: es scheint, als habe Kant hier bereits seine, erst zwanzig Jahre später gegebene, Definition der Aufklärung als Selbstdenken zum Grundsatz einer Philosophiedidaktik gemacht. So nämlich, daß er eine maieutische und vernunftreflexive Unterrichtsmethode vertritt. *Maieutisch* ist diese Methode, insofern sie an die Teleologie des „natürlichen Fortschritts der menschlichen Erkenntnis“ anknüpft, indem sie deren generelle Entwicklungstendenz bewußt macht und befördert. *Vernunftreflexiv* ist sie, insofern sie das Entwicklungsziel, die Maxime des selbständigen Verstandesgebrauchs und damit auch des autonomen moralischen Urteils, aus dem Methodenprinzip der, auf Selbstkritik sowohl angelegten als auch angewiesenen, Vernunft begründen kann – durch Besinnung auf das, was wir mit unseren Geltungsansprüchen notwendigerweise in Anspruch nehmen, genauer: was wir argumentierend schon in Anspruch genommen haben.

AUFKLÄRER DER AUFKLÄRUNG

Kants ausdrückliche Erörterung des Begriffs der Aufklärung, die Beantwortung der Frage „Was ist Aufklärung?“, verdankt sich einem praktischen Streit. In der Septembernummer der Berlinischen Monatsschrift von 1783 hatte sich ein anonymer Autor für die Einführung der Zivilehe ausgesprochen. Darauf antwortete gleich in der Dezembernummer der liberale Berliner Pfarrer Johann Friedrich *Zöllner*, der die kirchliche Eheschließung vor allem als im Interesse des Staates liegend verteidigte. Der dabei abfallenden Polemik gegen die Verwirrung, die „unter dem Namen der Aufklärung“ in die Herzen und Köpfe der Menschen hineingetragen werde, fügte er, wenn auch nur in einer Fußnote, die berechtigte Frage hinzu: „Was ist Aufklärung? Diese Frage, die beinahe so wichtig ist, als: was ist Wahrheit, sollte doch wohl beantwortet werden, ehe man aufzuklären anfing! Und doch habe ich sie nirgends beantwortet gefunden!“

Im folgenden Jahr, in der Septembernummer der Berliner Zeitschrift, nahm ein Philosoph die Herausforderung an. Moses *Mendelssohn* veröffentlichte einen Artikel „Über die Frage: was heißt aufklären?“ In schlichter und – bei allem Respekt vor diesem so bewunderungs- wie liebenswürdigen Nathan dem Weisen – philosophisch dürftiger Art antwortet Mendelssohn, indem er zunächst „die Worte Aufklärung, Cultur und Bildung“, die er als neue Ankömmlinge in unserer Sprache charakterisiert, so erläutert: „sie gehören vor der Hand bloß zur Büchersprache. Der gemeine Haufe versteht sie kaum. Sollte dieses ein Beweis sein, daß auch die Sache bei uns noch neu sei? Ich glaube nicht.... Indessen hat der Sprachgebrauch, der zwischen diesen gleichbedeutenden Wörtern einen Unterschied angeben zu wollen scheint, noch nicht Zeit gehabt, die Grenzen derselben festzusetzen. Bildung, Cultur und Aufklärung sind Modificationen des geselligen Lebens, Wirkungen des Fleißes und der Bemühungen der Menschen, ihren geselligen Zustand zu verbessern.

Je mehr der gesellige Zustand eines Volks durch Kunst und Fleiß mit der Bestimmung des Menschen in Harmonie gebracht worden, desto mehr Bildung hat dieses Volk."[36] Im folgenden bestimmt Mendelssohn *Cultur* und *Aufklärung* als besondere Formen von *Bildung*. Während „Cultur" mehr auf das Praktische zu gehen scheine, etwa „auf Güte, Feinheit und Schönheit in Handwerken, Künsten und Geselligkeitssitten" (als objektive Cultur) sowie andererseits auf „Fertigkeit, Fleiß und Geschicklichkeit" in den Künsten bzw. auf „Neigungen, Triebe und Gewohnheit" in den Sitten (subjektive Cultur), scheine sich „Aufklärung" mehr auf das *Theoretische* zu beziehen. Sie verhalte sich zur Cultur wie Theorie zur Praxis, Erkenntnis zur Sittlichkeit und Kritik zur Virtuosität. In diesem Sinne habe sie einen objektiven Gebrauch, bezogen auf vernünftige Erkenntnis, und einen subjektiven, bezogen auf die „Fertigkeit zum vernünftigen Nachdenken über Dinge des menschlichen Lebens"[37].

In teleologischer Redeweise unterscheidet er dann eine doppelte „Bestimmung des Menschen", nämlich die des Menschen als *Mensch* und eine solche als *Bürger*. Sinngemäß spricht er sowohl von einer Menschenaufklärung wie auch von einer „Bürgeraufklärung", zwischen denen ein Spannungsverhältnis bestehe: „...Gewisse Wahrheiten, die dem Menschen als Mensch nützlich sind, können ihm als Bürger zuweilen schaden." Diese Spannung aber dürfe nicht prinzipiell sein, postuliert Mendelssohn. Denn: „...Unglückselig ist der Staat, der sich gestehen muß, daß in ihm die wesentliche Bestimmung des Menschen mit der wesentlichen des Bürgers nicht harmoniren, daß die Aufklärung, die der Menschheit unentbehrlich ist, sich nicht über alle Stände des Reichs ausbreiten könne, ohne daß die Verfassung in Gefahr sei, zu Grunde zu gehen." Der Mensch als Mensch brauche beiderlei Aufklärung: „...ohne die wesentlichen Bestimmungen des Menschen sinkt der Mensch zum Vieh herab […] ohne die wesentlichen Bestimmungen des

---

[36] Moses Mendelssohn, *Ästhetische Schriften in Auswahl*, hrsg. von Otto F. Best, Darmstadt 1974, S. 266.

[37] Ebd.

Menschen als Bürger hört die Staatsverfassung auf zu sein...“[38]

Fast zur gleichen Zeit wie Mendelssohn nahm auch Kant die Herausforderung an und schrieb für die „Berlinische“ seinen Artikel *„Beantwortung der Frage: Was ist Aufklärung?“*, der in der Dezembernummer desselben Jahres erschien. Jenen Rat, den sein geliebter *Horaz* dem jungen Maximus Lollius gegeben hat, *sapere aude*!, erhebt Kant zum Wahlspruch der Aufklärung und übersetzt ihn: *„Habe den Mut, dich deines eigenen Verstandes zu bedienen!“* Die Maxime der Aufklärung sei es, sich seines Verstandes *selbständig*, also „ohne Leitung eines anderen“, *„sicher* und *gut* zu bedienen“. Daran fehle freilich gegenwärtig noch viel. Denn das sei die Maxime eines *aufgeklärten Zeitalters*, während man jetzt noch im bloßen Zeitalter der *Aufklärung* oder in dem „Jahrhundert *Friedrichs*“ lebe.

Zwei Jahre später, ebenfalls in der „Berlinischen“, läßt Kant einen neuen Aufklärungsaufsatz erscheinen: *„Was heißt: sich im Denken orientieren?“*. Damit kam er endlich den, von allen Seiten an ihn ergangenen, dringlichen Aufforderungen nach, klärend in einem Streit Stellung zu beziehen, den der Gefühls- und Glaubensphilosoph Friedrich Heinrich *Jacobi* ausgelöst hatte. Jacobi hatte nämlich die schockierende Nachricht verbreitet, der Vater ‚Nathans des Weisen’, *Lessing*, habe sich ihm gegenüber kurz vor seinem Tode als Anhänger des Spinozismus einbekannt. Der aber galt damals als Inbegriff eines militant atheistischen Rationalismus. Aus diesem Grund verteidigte Moses *Mendelssohn* seinen verstorbenen Freund Lessing in den „Morgenstunden oder Vorlesungen über das Dasein Gottes“ gegen den Spinozismus-Vorwurf und stellte ihn als einen Weltweisen hin, der gewußt habe, daß man sich in Konflikten zwischen der Vernunft und dem Gemeinsinn bzw. dem schlichten Menschenverstand an diesem orientieren müsse, weil der erfahrungsgemäß das Recht meist auf seiner Seite habe. Genau das sei die Orientierungsweise einer *gesunden* Vernunft, die keineswegs zum Atheismus, sondern vielmehr zu einem

---

[38] Ebd., S. 267 und 268.

Wissen, einem demonstrierbaren Wissen der Existenz Gottes führe.

Demgegenüber stellte *Jacobi* in seinen Briefen „über die Lehre des Spinoza an Moses Mendelssohn“ den *Spinozismus* als das wirklich konsequente System einer Philosophie aus reinen Vernunftbegriffen dar, das als solches folgerichtig zur Leugnung dessen führe, was aus Vernunftbegriffen nicht ableitbar ist – der Existenz Gottes. Der Atheismus sei eben die notwendige Konsequenz einer reinen Vernunftphilosophie; und Lessing, der redliche Rationalist, habe den vernunftphilosophischen Weg konsequent bis zu Ende beschritten. Vor dem Atheismus könne die Menschheit nur eines bewahren: das unmittelbare Gefühl einer Gottesgewißheit, das keines Beweises und keiner Gründe bedarf, also ein Sprung in den Glauben.

Mendelssohn hingegen, der den Standpunkt der natürlichen Religion bzw. Vernunftreligion vertrat und seine jüdische Religiosität mit der Aufklärungsphilosophie à la *Christian Wolff* versöhnte, konnte nicht anders, als den Gottesbegriff von vornherein mit dem Vernunftbegriff in eins zu tun: Gott muß rational erkennbar, seine Existenz beweisbar sein. Da *Jacobi* einen Vernunft-Weg zu Gott abstritt und einen existentiellen Gefühlsstandpunkt bezogen hatte, den der universale Vernunftdiskurs Nathans des Weisen nicht mehr zu erreichen vermochte, mußte ihm *Lessing* als spinozistischer Gottesleugner erscheinen, als Vertreter eines *Atheismus*. In dessen Nähe schien selbst der gläubige Mendelssohn zu geraten; vertrat er doch einen begriffs- bzw. vernunftphilosophischen Standpunkt, dessen Konsequenz, nach Jacobi, eben der Atheismus sei. Eben das habe Lessing, der klare und redliche Kopf, erkannt.

Auf der anderen Seite machte Moses Mendelssohn dem Gefühls- und Glaubensphilosophen *Jacobi* einen ausdrücklichen Atheismusvorwurf, weil die Verwerfung einer Vernunfterkenntnis Gottes in eine Gefühlswillkür führe, die dem gesunden Menschenverstand den Weg zu Gott versperre: Wer Verstandesbeweise für das Dasein Gottes leugne, dem bleibe nur der Atheismus.

Daraufhin aber berief sich Jacobi auf die „Kritik der reinen Vernunft". Infolgedessen schien nun *Kant*, den die Berliner Aufklärer wie Nicolai, Markus Herz und der Herausgeber der Berlinischen Monatsschrift, Biester, gegen den, plötzlich alles wie eine Mode überschwappenden, Irrationalismus der neuen Gefühlsphilosophie ins Feld führen wollten, zum Kronzeugen eben dieses Irrationalismus zu werden. Und als der nervenkranke *Mendelssohn*, erschüttert von den Verunglimpfungen seitens der christlichen Gefühlsphilosophen *Jacobi*, *Hamann* und *Lavater*, in den Aufregungen des hin- und hergehenden Kampfes gestorben war, appellierte Erich *Biester* am 6. März 1786 an Kant: „Freilich wird die Sache der Schwärmer zu arg in den Schriften der modischen Philosophen; Demonstration wird verworfen, Tradition (die niedrigste Art des Glaubens) wird empfohlen, und über Vernunftbeweise erhoben. Wahrlich, es ist Zeit, daß Sie, edler Wiederhersteller des gründlichen gereinigten Denkens, aufstehen und dem Unwesen ein Ende machen. Tun sie es doch bald in einigen kleinen Aufsätzen der Monatsschrift, bis sie Zeit zu einem größeren Werk finden."[39]

Ein weiteres Mal von Biester genötigt, greift Kant schließlich im Juli zur Feder und geht mit beiden Seiten ehrerbietig ins Gericht. Während er *Mendelssohns* Gottesbeweise auf die Seite des spekulativen Vernünftelns rückt, welches die Folge einer nicht über ihre Grenzen aufgeklärten, also unkritischen Vernunft sei, überführt er *Jacobi* einer selbstwidersprüchlichen Paradoxie. Denn Jacobi beanspruche Vernunft für eine Position, die doch aus aller Vernunft herausspringe. Er bringt nämlich *als* Argumentation die These vor: das Dasein Gottes zu beweisen, ist unmöglich; aber es ist möglich, ihn aus anderen Quellen als der Vernunft zu erfassen, aus dem persönlichen Gefühl oder Glauben.

Mit den Mitteln einer *transzendentalen Sprachpragmatik* läßt sich Kants Kritik an Jacobi als Aufweis eines doppelten Denkfehlers rekonstruieren bzw. weiterführen. Einmal verwickelt sich Jacobi – so läßt sich diskurspragmatisch über

---

39 Zit. nach Vorländer, *Immanuel Kant. Der Mann und das Werk*, Bd. I, S. 332; vgl. S. 336 f.

Kant hinausdenken – in den pragmatischen Widerspruch zwischen dem Anspruch seines Diskursbeitrags auf Vernünftigkeit einerseits und dem Inhalt seiner These, das Dasein Gottes sei kein Gegenstand der Vernunft sondern nur des persönlichen Gefühls, andererseits. Denn *mit* dieser These bestreitet er die Einlösbarkeit des Vernunftanspruchs, den er *für* diese These in dem Behauptungsakt seines Diskursbeitrags erhebt.

Zum zweiten ist die These bereits semantisch sinnlos. Und es ist diese semantische bzw. begriffliche Sinnlosigkeit, auf die Kants Kritik zielt: Die Möglichkeit einer Gefühlsevidenz, eines Gewißheitserlebnisses von Gott, impliziert ihrerseits einen Wahrheits- und damit Vernunftanspruch, der über das bloß persönliche Fühlen hinausweist ins Allgemeine, über das wir vernünftig reden können. Denn, so Kant, der verwendete *Begriff* von Gott müsse doch unabhängig von einem individuellen Gotteserlebnis Sinn und Bedeutung haben. Und auch wenn Jacobi ein ganz persönliches Gotteserlebnis meine, so müsse doch er darüber *urteilen*. Und damit, schlußfolgert Kant, ist „wenigstens so viel klar, daß: um nur zu urteilen, ob das Gott sei, was mir erscheint, was auf mein Gefühl innerlich oder äußerlich wirkt, ich ihn an meinen Vernunftbegriff von Gott halten und danach prüfen müsse, [...] ob er ihm nicht widerspreche“.[40]

Kant, der hier ähnlich sinnkritisch wie später Hegel in seiner Dialektik der sinnlichen Gewißheit argumentiert, zeigt sich dabei wiederum als kritischer Aufklärungsphilosoph, der die Vernunft vor ihren dogmatischen Verfechtern *durch* Vernunftkritik bewahrt, wie er sie auch gegenüber ihren irrationalistischen Leugnern als unhintergehbare Instanz sichert. Sowohl die dogmatischen bzw. überschwenglichen Aufklärer als auch ihre unmittelbaren Gegner, die in das Andere der Aufklärung verfallen und damit nur die Einseitigkeit jener spiegeln, ermahnt Kant – zu einer reflexiven Selbstverantwortung der Philosophen. Diese Selbstverantwortung des Denkenden vor dem Gerichtshof der Vernunft, die Kant bloß

---

[40] I. Kant, „Was heißt: sich im Denken orientieren?“, in: *Werke*, Bd. V, S. 278.

andeutet, können wir heute, nach Edmund *Husserl* einerseits und Karl-Otto *Apel* andererseits, mit den Mitteln der reflexiven Diskurspragmatik ausführen: als reflexive Selbstverantwortung der Philosophierenden, insofern sie sich *in* dem jeweils geführten Dialog *auf* all das besinnen, was sie *als* Argumentations- bzw. Dialogpartner bereits vorausgesetzt und wechselseitig in Anspruch genommen haben.

Immanuel Kant, Gemälde um 1790, Künstler unbekannt, möglicherweise Elisabeth von Stägemann (Schule von Anton Graff)

Aufklärer der Vernunft im Diskurs – aber keine Reflexion auf Sprache und Kommunikation als Bedingungen der Vernunft

Abschließend appelliert Kant an beide Seiten: „Freunde des Menschengeschlechts und dessen, was ihm am heiligsten ist! Nehmt an, was euch nach sorgfältiger und aufrichtiger Prüfung am glaubwürdigsten scheint, es mögen nun Fakta, es mögen Vernunftgründe sein; nur streitet der Vernunft nicht das, was sie zum höchsten Gut auf Erden macht, nämlich das Vorrecht ab, der letzte Probierstein der Wahrheit zu sein! Widrigenfalls werdet ihr dieser Freiheit [nämlich der, zu denken – D.B.] unwürdig, sie auch sicherlich einbüßen, und dieses Unglück noch dazu dem übrigen schuldlosen Teile über den Hals ziehen, der sonst wohl gesinnt gewesen wäre, sich seiner Freiheit *gesetzmäßig* und dadurch auch *zweckmäßig* zum Weltbesten zu bedienen!“[41]

So beschließt Kant, wenige Wochen vor dem Tode *Friedrichs des Großen* und dem damit drohenden Ende der Aufklärungsepoche Preußens, seinen Aufsatz, fügt aber eine Anmerkung hinzu, um die Aufklärungsmaxime näher zu bestimmen: „*Selbstdenken* heißt den obersten Probierstein der Wahrheit in sich selbst (d.i. in seiner eigenen Vernunft) suchen; und die Maxime, jederzeit selbst zu denken, ist die *Aufklärung*. Dazu gehört nun eben soviel nicht, als sich diejenigen einbilden, welche die Aufklärung in *Kenntnisse* setzen; da sie vielmehr ein negativer Grundsatz im Gebrauche seines Erkenntnisvermögens ist [...] Sich seiner *eigenen* Vernunft bedienen will nichts weiter sagen, als bei allem dem, was man annehmen soll, sich selbst fragen: ob man es wohl tunlich finde, den Grund, warum man etwas annimmt, oder auch die Regel, die aus dem, was man annimmt, folgt, zum allgemeinen Grundsatze seines Vernunftgebrauchs zu machen? Diese Probe kann ein jeder mit sich selbst anstel-

---

41 Ebd., S. 282 f.

len; und er wird Aberglauben und Schwärmerei bei dieser Prüfung alsbald verschwinden sehen, wenn er gleich bei weitem die Kenntnisse nicht hat, beide aus objektiven Gründen zu widerlegen. Denn er bedient sich bloß der Maxime der *Selbsterhaltung* der Vernunft. Aufklärung in *einzelnen Subjekten* durch Erziehung zu gründen, ist also gar leicht; man muß nur früh anfangen, die jungen Köpfe zu dieser Reflexion zu gewöhnen. Ein *Zeitalter* aber aufzuklären, ist sehr langwierig; denn es finden sich viel äußere Hindernisse, welche jene Erziehungsart teils verbieten, teils erschweren."[42]

Kraft seiner Grenzbestimmung des sinnvollen Vernunftgebrauchs ist Kant zugleich Aufklärer der Aufklärung und Erheller ihres dunklen Gegenteils, nämlich sowohl des Dogmatismus als auch der Schwärmerei. Das macht ihn so aktuell.

So weit, so gut. Aber Kants Vernunftkritik als *Transzendentalphilosophie* überspringt, daß sowohl Vernunft als auch schon Sinnkonstitution, nämlich unser Verstehen von etwas *als* etwas, das eine bestimmte *Bedeutung* hat, bereits eine *Sprache* und eine *Kommunikationsgemeinschaft* mit intersubjektiven Regeln voraussetzen. Kein Selbstdenken, ohne in gemeinsamer Sprache zu kommunizieren und schon kommuniziert zu haben! Kein *Selbst* und daher auch keine Philosophie des Bewußtseins, des Selbst, ohne Kommunikationsreflexion.

Kants Rekonstruktion von transzendentallogischen Bedingungen der Erkenntnis holt nicht ein, sondern überspringt, was Kant selbst, und zwar mit jeder Idee, mit jedem Satz, notwendigerweise schon in Anspruch genommen hat: Verständlichkeit von etwas *als* etwas Bestimmtes – nämlich als eine Äußerung, die für mich wie für dich und jeden anderen Sprecher dieselbe Bedeutung hat. Denn bei allem, was wir denken oder sagen, haben wir eine *intersubjektive Sinnvoraussetzung* gemacht: Unser Etwas-Denken und -Sagen funktioniert nur, weil es greifbar und wiederholbar, auch situationsunabhängig identifizierbar ist, für dich wie für

---

[42] Ebd., S. 283.

mich, gestern ebenso wie heute und morgen. Dank einer ›Sprache‹ ist mein Etwas-Denken und Etwas-Ausdrücken in eine Grammatik eingefügt, die mich von vornherein mit allen möglichen anderen Denkenden verbindet; so nämlich, daß jede meiner Äußerungen gemäß syntaktischer und semantischer Regeln übertragen werden kann in die besondere ›Sprache‹, den jeweiligen Sinnzusammenhang, in welchem Ego und Alter etwas denkt oder zu verstehen gibt. Indem ich etwas *als* etwas von bestimmter Bedeutung denke oder ausdrücke, bin ich in meinem Verhalten transparent und gemeinschaftsfähig – ein Subjekt von Sinn, das nicht etwa ein isoliertes Wesen ist, sondern ein für sich und andere verstehbares Subjekt, ein möglicher Kommunikations*partner*.

Eben das ist die Pointe der sprachpragmatischen, also kommunikationsbezogenen Kant-Transformation, welche *Karl-Otto Apels* Philosophie den Namen gegeben hat: „Transformation der Philosophie", 1973; und das ist der Witz meiner „Rekonstruktiven Pragmatik: Von der Bewußtseinsphilosophie zur Kommunikationsreflexion", 1985.

PÄDAGOGE DER AUFKLÄRUNG

Die Geschichte des Pädagogen Kant, weithin vergessen unter Philosophen wie unter Erziehungswissenschaftlern, aber sehr bedenkens- und darum erzählenswert, spielt sich in drei Stadien ab: dem praktischen seiner Hauslehrerzeit, dem philanthropischen seines Engagements für die *Basedowsche* Reformerziehung und dem philosophisch pädagogischen seiner erstmals im Wintersemester 1776 auf 1777 gehaltenen, doch erst 1803 herausgegebenen Vorlesungen „über Pädagogik“. Von den ersten beiden Stadien läßt sich gut erzählen, fürs dritte Stadium sollten wir Kant selber ans Katheder treten lassen und ihm gut zuhören.

Trotz der Veröffentlichung seiner Erstlingsschrift, die Kant sich viel seines mühsam Gesparten hatte kosten lassen, die aber nur dank der Großzügigkeit eines relativ wohlhabenden Onkels, des Schuhmachermeisters Richter, gedruckt werden konnte – trotz dieser Investitionen von Geld, Arbeit und Selbstbewußtsein, hatte Kant an der Universität keine Bleibe finden können. Ein Elternhaus gab es nicht mehr, da nach seiner geliebten Mutter 1746 auch sein Vater gestorben war. Nun mußte er sich ein Auskommen suchen. So bewarb er sich um eine Stelle als Hauslehrer. Dieser wenig angesehene und schlecht bezahlte Brotberuf war die typische Übergangslösung vor allem der Theologie-, Philologie- und Jurastudenten aus kleinen Verhältnissen oder aus einfachen Bürgerhäusern. Durch dieses Nadelöhr, das die Adligen euphemistisch „den Beruf des Hofmeisters“ nannten, mußten zahlreiche große Geister wie *Herbart* und *Fichte*, *Hegel* und *Schelling* hindurch – ebenso auch zahllose kleine oder gescheiterte oder tragische Existenzen wie der Sturm- und Drang-Dichter Jakob Michael *Lenz*. In seinem Komödienfragment *„Der Hofmeister“* charakterisiert er dessen gesellschaftliche Rolle mit den Worten: „Was ist er anders als Bedienter, wenn er seine Freiheit einer Privatperson für einige Handvoll Dukaten verkauft? Sklav' ist er, über den die Herrschaft unumschränkte Gewalt hat."

Hat Kant sich ähnlich erniedrigt gefühlt? Wir wissen es nicht. Selbstmitleid war seine Sache nie, wohl aber Selbstkritik. Im Alter erzählte er, daß es noch jetzt „eine seiner unangenehmsten Traumvorstellungen" ausmache, wenn er sich in seine Hofmeisterzeit zurückversetze. Das Geschäft des Erziehers sei ihm immer als „eines der verdrießlichsten" erschienen. Er pflegte zu scherzen und zu versichern, „daß ‚in der Welt vielleicht nie ein schlechterer Hofmeister gewesen [wäre] als er'"[43], erinnert sich sein Schüler und Freund *Jachmann*. „Er hielt es für eine große Kunst, sich zweckmäßig mit Kindern zu beschäftigen, und sich zu ihren Begriffen herabzustimmen, aber er erklärte auch, daß es ihm nie möglich gewesen wäre, sich diese Kunst zu eigen zu machen."[44]

Gleichwohl, seine Zöglinge scheinen ihn verehrt zu haben und von ihm auch moralisch geprägt worden zu sein. Einer von ihnen, Georg Friedrich *von Hülsen*, gehörte zu den ersten Rittergutsbesitzern, die die sogenannte Erbuntertänigkeit aufhoben und die Untertanen zu freien Bürgern machten. In Erinnerung an die menschenunwürdigen Verhältnisse der Leibeigenen sagt Kant 1795 zu Theodor *Schön*, dem Oberpräsidenten von Ostpreußen, „‚die Eingeweide drehten sich ihm im Leibe um, wenn er daran dächte'".[45]

Im damaligen Preußen, später Ostpreußen genannt, bot die Institution des Hofmeisters dem Landadel, der besser gestellten Landgeistlichkeit und wohlhabenden Bürgern oft die einzige Möglichkeit, ihren Kindern eine höhere oder überhaupt eine Bildung zu vermitteln. Die Infrastruktur Preußens war miserabel: ein Entwicklungsland. Schlimmer noch sah es im angrenzenden Litauen aus, das 1709/1710 unter einer katastrophalen Pest gelitten hatte. Dann aber wurde es von Hugenotten aus der französischen Schweiz, weniger aus Nordfrankreich, und von holländischen Reformierten besie-

---

43 K. Vorländer, *Immanuel Kant. Der Mann und das Werk*, Bd. I, S. 71 f.

44 Jachmann in: Groß, *I. Kant*, S. 125.

45 K. Vorländer, a.a.O., Bd. I, S. 70.

delt. Von *Friedrich Wilhelm I.* privilegiert, errichteten die Siedler neue Ortschaften, darunter das Dorf *Judtschen*, zwischen Insterburg und Gumbinnen gelegen. Hier erhielt der dreiundzwanzigjährige Kant 1747 seine erste Hauslehrerstelle bei dem reformierten Pfarrer *Andersch*, der zwar Schlesier war, aber inzwischen Französisch sprechen gelernt hatte. Judtschen war schnell aufgeblüht und hatte sich zu einem regionalen Zentrum entwickelt. Neben der Pfarrei gab es sogar ein Gericht mit einem französisch sprechenden Richter. Die Schweizer Bauern behaupteten ihre politische, religiöse und kulturelle Eigenständigkeit.

Karl *Vorländer* berichtet: „Die Schweizer Bauern blieben ihrem reformierten Bekenntnis treu, und sie ließen sich nicht in die Stellung litauischer Scharwerker herabdrücken, sondern zahlten lieber höhere Abgaben, als daß sie die ihnen gewährten Freiheiten aufgegeben hätten. Gegen Übergriffe der Beamten riefen sie freimütig das Urteil der Domänenkammern oder gar des Königs an. ‚Sie sind die Pioniere eines freieren Bauernstandes in Ostpreußen gewesen (Haagen)'. Zur Zeit von Kants Aufenthalt zählte das Dorf etwa 20 – 25 selbständige Bauernstellen, die ganze Gegend ungefähr 100; dazu kamen noch eine Anzahl sogenannter Köllmer, Handwerker und Instleute. Der junge Hauslehrer hat sich offenbar keineswegs vornehm von ihnen zurückgehalten, nahm er doch zweimal – am 27. Oktober und am 8. Dezember 1748 – eine Patenschaft bei Kolonistenkindern an. Vielleicht hat er, der schon früh zu geographischen und anthropologischen Beobachtungen neigte, hier mancherlei Studien an dem bunt gemischten Volkstum der Gegend gemacht. Denn in der Nachbarschaft gab es auch deutsche Schweizer, Pfälzer, Nassauer, Hessen, Salzburger und vor allem die damals noch auf ziemlich niedriger Kulturstufe stehenden Litauer. Bis in sein Greisenalter hat er ein besonderes Interesse für den letztgenannten ‚uralten, jetzt in einem engen Bezirk eingeschränkten und gleichsam isolierten Völkerstamm' beibehalten, dem auch seine besten Universitätsfreunde angehörten."[46]

---

[46] Ebd., Bd. I, S. 66.

Die Zeit in Judtschen hat sicher Kants anthropologisches und geographisches Interesse vertieft. Vor allem aber dürften seine republikanische Einstellung, seine Vorstellung von freiem Bauerntum und seine reservierte bzw. feindselige Haltung gegenüber religiösen Riten und liturgischem Zauber in der Atmosphäre einer calvinistisch entzauberten Kirchlichkeit und einer republikanischen Handwerker- sowie Bauernfreiheit nicht unerheblich gefördert worden sein. Drei Jahre blieb Kant in Judtschen. Dann ging er als Hofmeister in das Haus des Majors und Rittergutsbesitzers Bernhard Friedrich von Hülsen. Bei dem Freiherrn lernte er den aufgeklärten Absolutismus der Provinz kennen: Modernes Bildungsinteresse im Hause, feudale Zustände draußen mit Leibeigenschaft nach wie vor.

1754 kehrte Kant nach Königsberg zurück, um promoviert zu werden und die venia legendi zu erwerben. Er hatte emsig gespart und brachte zwanzig Friedrichsdor mit, was heute vielleicht 4500,-- € entspricht. Um das Geld aber als eiserne Reserve in petto zu haben, nahm er offenbar wieder eine halbe Hofmeisterstelle auf dem Gräflich Truchseßschen Gut Capustigall an. Jede Woche wurde er einmal oder mehrere Male mit dem Wagen abgeholt und auf das Gut gebracht. Vielleicht hat er dort auch einen der Söhne der bezaubernden und philosophisch gebildeten Gräfin *Keyserling* unterrichtet, die eine geborene Truchseß-Waldburg war und im nahen Rantenburg lebte.

An das Verhältnis der jungen Gräfin zu Kant, der fünf Jahre älter war, sind manche Spekulationen geknüpft worden. Jedenfalls müssen sie sich sehr geschätzt haben...

Karoline Charlotte Amalia vermittelte ihm feine Lebensart und war sein horizonterweiternder Gesprächspartner. Fünfundzwanzig Jahre alt, übersetzte sie gerade eine philosophische Schrift *Gottscheds* ins Französische und war bereits Mitglied der Königlichen Akademie der Künste in Berlin. Geheiratet hatte sie schon als Fünfzehnjährige. Wie innig ihre Beziehung zu Kant gewesen sein muß, zeigt das Bild, das sie von ihm gemalt hat. Es gibt kein schöneres. Kant pries sie noch als Vierundsiebzigjähriger: In seiner „Anthropologie“, wo sie als Erzählerin eines amüsanten Sprachmißverständnisses zitiert wird, nennt er sie eine „Zierde ihres Geschlechts“[47].

Die Gräfin wurde bevorzugter Gast seiner Tischgesellschaft. Als Professor war Kant ein regelmäßiger und beliebter Gastgeber. In dieser Rolle entzückte er nicht allein durch feine Lebensart, sondern zumal durch seine Verbindung von „heiterem Blick“ und „sinnreichem Witz“. So rühmt Jachmann, „es waren Blitze, die an heiterem Himmel spielten, und er würzte durch ihn [lies: seinen Witz] nicht allein seine gesellschaftlichen Gespräche, sondern auch seine Vorlesungen. Sein Witz gab dem ernsten tiefdenkenden Geiste ein gefälliges Gewand, und zog ihn oft aus den hohen Sphären der Spekulation zur Aufheiterung seiner angestrengten Zuhörer in die Regionen des irdischen Lebens herab.“[48]

Kant und seine Tischgenossen, Gemälde von Emil Doerstling, 1892/93

[47] I. Kant, Anthropologie in pragmatischer Hinsicht, in: *Werke*, Bd. XII, S. 595.

[48] Jachmann, in Groß, *I. Kant*, S. 131.

Engagement für die neue Schulerziehung – eine Konsequenz seiner Ethik und Pädagogik

Gehen wir in die Hauslehrerzeit zurück. Ob Kant die Rolle des Hofmeisters anders als Lenz beurteilt hat? Jedenfalls hat er die mißliche und unselbständige Stellung des Hofmeisters zwischen den Eltern und Kindern später kritisiert. In seiner Vorlesung „über Pädagogik“ führt er die Mißlichkeit der Hauslehrererziehung auf das Dilemma zurück, daß sich das Kind einerseits nach den Anweisungen des Hofmeisters richten, andererseits aber zugleich den „Grillen“ der Eltern folgen solle: „Die Privaterziehung besorgen entweder die Eltern selbst, oder, da diese bisweilen nicht Zeit, Fähigkeit, oder auch wohl gar nicht Lust dazu haben, andere Personen, die besoldete Mitgehülfen sind. Bei der Erziehung durch diese Mitgehülfen findet sich aber der sehr schwierige Umstand, daß die Auktorität zwischen den Eltern und diesen Hofmeistern geteilt ist. Das Kind soll sich nach den Vorschriften der Hofmeister richten, und dann auch wieder den Grillen der Eltern folgen. Es ist bei einer solchen Erziehung notwendig, daß die Eltern ihre ganze Auktorität an die Hofmeister abtreten.“[49]

Überhaupt sei der Beruf des Hofmeisters, jedenfalls als Lebensberuf, unangemessen und die Hofmeistererziehung eines einzelnen Kindes durch einen Einzelnen unnatürlich. In diesem Sinne argumentiert er auch mit *Rousseaus* Natürlichkeitspostulat gegen Rousseaus „Emile“. Im Handexemplar seiner „*Beobachtungen über das Gefühl des Schönen und Erhabenen*“ von 1762, kritisiert er es als unnatürlich, daß ein Mensch den größten Teil seines Lebens damit verbringen solle, einem Kind beizubringen, wie es dereinst leben soll. Vor allem moniert er, daß Rousseau nicht gezeigt habe, wie aus der Privaterziehung des Emile „Schulen entspringen können“. Und in der Pädagogikvorlesung zieht er

---

[49] I. Kant, *Werke*, Bd. XII, S. 710.

die öffentliche Schulerziehung der Privaterziehung eindeutig vor.

In diesem Sinne hat sich Kant in den späten siebziger Jahren für die Basedowsche Modellschule, das Dessauer Philantropium engagiert. Der streitbare praktische Philosoph und Theologe Johann Bernhard *Basedow* versuchte unter großer Anteilnahme des räsonnierenden Publikums eine antiautoritäre, quasi rousseauistische Erziehung in Schulklasse und Schulgemeinschaft zu realisieren und reformierte den Schulunterricht. Erstmals nahm er Leibesübungen, und zwar mit hohem Stellenwert in den Lehrplan auf; den neuen Sprachen und der Pflege der deutschen Sprache, nicht zuletzt den „Realia“ von der Geographie bis zu den Naturwissenschaften räumte er viel Unterrichtszeit ein. Sein Ideal einer breiten, alle natürlichen Anlagen entwickelnden Volksbildung verdrängte das humanistische, längst scholastisch gewordene Leitbild der Heranziehung von Gelehrten in Lateinschulen bzw. Gelehrtenschulen.

Für den ehemaligen Zögling des Collegium Friedericianum hatte Basedows Programm etwas faszinierend Befreiendes und Erfrischendes. Offenbar enthusiasmierte ihn Basedows rousseauistischer Kampf gegen Drill und mechanischen Zwang im Unterricht. Und die Einbeziehung der Natur in das Schulleben durch Wandern, Gartenarbeit und Naturbeobachtung dürfte ihm ebenso imponiert haben wie der Wert, den Basedows „Experimentalschule“, wie sie Kant nannte, auf das Spielen und das Schulspiel legte.

Freilich überrascht, daß der vorherrschende utilitaristische Zug in Basedows Konzept der Charakterbildung nicht auf die Kritik des Denkers einer praktischen Vernunft gestoßen ist. Stellt doch Basedow die Tüchtigkeit und das Nützlichkeitsstreben als Erziehungsziel auf: Der pragmatisch nüchterne Erfolgsmensch löst den christlich humanistischen Typus, der an sapiens et eloquens pietas orientiert war, hier radikal ab. Die sowohl praktisch-philosophische wie pädagogische Frage nach einer vernünftigen, rechtfertigungsfähigen Verhältnisbestimmung von strategischer Klugheit und moralisch gutem Verhalten wird dabei jedoch nicht gestellt, sondern vom utilitaristischen Commonsense der britischen

Aufklärung, in dem viel praktischer Egoismus enthalten war, verdrängt.

Vielleicht rechnete Kant dieses moralische Defizit zu den anfänglichen Verzerrungen und Einseitigkeiten, mit denen er das insgesamt bewunderte, revolutionäre Projekt belastet sah und hielt, um der pädagogischen Revolution willen, seine Kritik zurück.[50] Sonst hätte er dagegen eigentlich den moralischen Grundsatz geltend machen müssen: „Eine Handlung muß mir wert sein, nicht, weil sie mit meiner Neigung stimmt, sondern, weil ich dadurch meine Pflicht erfülle."[51]

Konsequenterweise hätte Kant die Moralität gegen den *praktischen Egoismus*, der einer Nützlichkeitsethik zugrunde liegt, ausspielen müssen. Denn Moralität orientiert sich an solchen Zwecken, die vor der unbegrenzten Vernunftgemeinschaft müßten gerechtfertigt werden können. Demgemäß führt er als „Probierstein" einer solchen Rechtfertigung

---

50 In seiner Pädagogik-Vorlesung rechtfertigt Kant die *Experimentalschule*: Erst müsse man Experimentalschulen errichten, ehe man Normalschulen etablieren könne, weil sonst Erziehung und Unterricht der Gefahr erlägen, bloß mechanisch zu werden, wie man an Österreich sehen könne. Denn dort „gab es meistens nur Normalschulen, die nach einem Plan errichtet waren [...], dem man besonders blinden Mechanismus vorwerfen konnte. [...] Man bildet sich zwar insgemein ein, daß Experimente bei der Erziehung nicht nötig wären, und daß man schon aus der Vernunft urteilen könne, ob etwas gut oder nicht gut sein werde. Man irret hierin aber sehr und die Erfahrung, daß sich oft bei unsern Versuchen ganz entgegengesetzte Würkungen zeigen von denen, die man erwartete. Man sieht also, daß, da es auf Experimente ankommt, kein Menschenalter einen völligen Erziehungsplan darstellen kann. Die einzige Experimentalschule, die hier gewissermaßen den Anfang machte, die Bahn zu brechen, war das Dessauische Institut. Man muß ihm diesen Ruhm lassen, ohngeachtet der vielen Fehler, die man ihm zum Vorwurfe machen könnte; Fehler, die sich bei allen Schlüssen, die man aus Versuchen macht, vorfinden, daß nämlich noch immer neue Versuche dazugehören. Es war in gewisser Weise die einzige Schule, bei der die Lehrer die Freiheit hatten, nach eigenen Methoden und Planen zu arbeiten, und wo sie unter sich sowohl, als auch mit allen Gelehrten in Deutschland in Verbindung standen." *Werke*, Bd. XII, S. 708 f.

51 I. Kant, *Werke*, Bd. XII, S. 761.

im „Reich der Zwecke“ den kategorischen Imperativ ein. Den Feind der Vernunftgemeinschaft erkennt er im Typus des praktischen oder moralischen *Egoisten.* Das ist „der, welcher alle Zwecke auf sich selbst einschränkt, der keinen Nutzen worin sieht, als in dem, was ihm nützt, auch wohl, als Eudämonist, bloß im Nutzen und der eigenen Glückseligkeit, nicht in der Pflichtvorstellung, den obersten Bestimmungsgrund seines Willens setzt. Denn weil jeder andere Mensch sich auch andere Begriffe von dem macht, was er zur Glückseligkeit rechnet, so ist's gerade der Egoismus, der *es so weit bringt*, gar keinen Probierstein des echten Pflichtbegriffs zu haben, als welcher durchaus ein allgemein geltendes Prinzip sein muß. – Alle Eudämonisten sind daher praktische Egoisten.

Dem Egoism kann nur der *Pluralism* entgegengesetzt werden, d.i. die Denkungsart: sich nicht als die ganze Welt in seinem Selbst befassend, sondern als einen bloßen Weltbürger zu betrachten und zu verhalten.“[52]

In seinem Pädagogik-Kolleg räumt Kant einer Erziehung zum *Erfolg* in der Gesellschaft zwar ihr Recht ein, da sie die „*Zivilisierung*“ des Menschen und die Vermittlung von Klugheit besorge, ordnet sie aber der *Moralisierung* unter. Denn „der Mensch soll nicht bloß zu allerlei Zwecken geschickt sein, sondern auch die Gesinnung bekommen, daß er nur lauter gute Zwecke erwähle. Gute Zwecke sind diejenigen, die notwendigerweise von jedermann gebilligt werden; und die auch zu gleicher Zeit jedermanns Zwecke sein können.“[53]

Doch zurück zur Biographie und zu dem, was Kant, unter Zurückhaltung seiner Kritik, nach 1776 getan hat. Er hat sich rückhaltlos für die neue „Experimentalschule“ eingesetzt. So wendet er sich an den Schulleiter *Wolke*, Basedows Mitarbeiter und organisatorischer Kopf des Instituts, und erkundigt sich, ob der bald sechsjährige Sohn seines Freundes Robert *Motherby*, eines englischen Kaufmanns, der die neue

52 I. Kant, Anthropologie in pragmatischer Hinsicht, in: *Werke*, Bd. XII, S. 410 f.

53 I. Kant, Über Pädagogik, in: *Werke*, Bd. XII, S. 707.

Pädagogik und Schulform sehr schätzte, aufgenommen werden könne. In seinem Brief an Wolke schildert Kant zunächst die Erziehung seines englischen Freundes Robert Motherby, und wir dürfen annehmen, daß diese Erziehung seiner eigenen Auffassung entspricht[54]:

„Die Erziehung desselben ist bisher nur negativ gewesen, die beste, welche man ihm, was ich glaube, vor sein Alter nur hat geben können. Man hat die Natur und den gesunden Verstand seinen Jahren gemäß sich ohne Zwang entwickeln lassen und nur alles abgehalten, was ihnen und der Gemütsart eine falsche Richtung geben könnte. Er ist frei erzogen, doch ohne beschwerlich zu fallen. Er hat niemals die Härte erfahren und ist immer lenksam in Ansehung gelinder Vorstellungen erhalten worden." Um die Lüge zu verhüten, „sind ihm einige kindliche Fehler auch lieber verziehen worden, als daß er in Versuchung gebracht würde, die Regel der Wahrhaftigkeit zu übertreten". Schon ganz im Sinne seiner Ethisierung der Religion, wie er sie in der – dann von der preußischen Zensurbehörde und *Friedrich Wilhelm II.* persönlich scharf angegriffenen – Spätschrift *„Religion innerhalb der Grenzen der bloßen Vernunft"*, entwickelt hatte, beurteilt und charakterisiert Kant die religiöse Erziehung des Kindes.

„In Ansehung der Religion ist der Geist des Philanthropins ganz eigentlich mit der Denkungsart des Vaters [Robert Motherby] einstimmig, so sehr, daß er wünscht: daß selbst die natürliche Erkenntnis von Gott, so viel er mit dem Anwachs seines Alters und Verstandes davon nach und nach erlangen mag, eben nicht geradezu auf Andachtshandlungen gerichtet werden möge, als nur, nachdem er hat einsehen lernen: daß sie insgesamt nur den Wert der Mittel haben, zur Belebung einer tätigen Gottesfurcht und Gewissenhaftigkeit in Befolgung seiner Pflichten als göttlicher Gebote." Dem noch nicht sechsjährigen Sohn Motherbys, George, sei es denn auch „bis itzt noch unbekannt geblieben, was Andachtshandlung sei". Diesem Brief war als „klarer Beweis

---

54 Wir folgen Karl Vorländers Darstellung in: *Kants Leben*, a.a.O., S. 102 ff.

von der Achtung, darin Dero Institut in hiesigen Gegenden zu kommen anhebt", ein „Blatt" beigefügt: Die Nummer der „Königsberger Gelehrten und Politischen Zeitungen" vom gleichen Tage, dem 28. März 1776. In ihr fand sich eine zwar von Kant verfaßte, aber anonym erschienene, enthusiasmierte Empfehlung der Desssauer Reformschule, nämlich in Form einer Anzeige des Ersten Stücks von *Basedows* „Philanthropinischem Archiv":

„Das, woran gute und schlechte Köpfe Jahrhunderte hindurch gebrütet haben, nämlich die echte, der Natur sowohl als allen bürgerlichen Zwecken angemessene Erziehungsanstalt", stehe jetzt in der Wirklichkeit da, womit „eine ganz neue Ordnung der Dinge anhebt".[55] Deshalb sei es Pflicht jedes Menschenfreundes, diesen noch zarten Keim zu pflegen und zu schützen, dem Institut, das für den 13. Mai zu einer öffentlichen Besichtigung seines ganzen Betriebes einlade, Zöglinge und vor allem Lehramtskandidaten zuzuführen, um bald allerorts gute Schulen zu haben.

In der Tat wurde die Dessauer Internatsschule in Deutschland und in der Schweiz als Modell genommen, so daß in jenen Jahren eine Reihe von „Philanthropinen" gegründet werden konnten. Auf eine solche Ausstrahlung hoffend, empfiehlt Kant allen Hauslehrern und Schullehrern das Studium der Basedowschen Schriften und Schulbücher zu eigener Belehrung wie zur Unterweisung der ihnen anvertrauten Jugend.

Ein Vierteljahr später erhält Kant von August *Rode*, einem früheren Mitglied seiner Tischgesellschaft, den zugesagten und bereits mit Spannung erwarteten ausführlichen Bericht über die Lage des Philanthropins. Alles gehe gut: das öffentliche Examen, zu dem leider die aus Weimar erwarteten Herren *Wieland* und *Goethe* infolge der Krankheit des dortigen Herzogs, „dessen Protegés jetzt beide sind", nicht hätten kommen können, sei vorzüglich ausgefallen, zahlreiche Zöglinge, auch neue Lehrer seien in Sicht. Was fehle, sei nur – Geld. Daher möge Kant doch den Kommerzienrat *Fahrenheid*, der fünf Zöglinge schicken wolle, zur Hergabe von

---

55 Zitiert nach Vorländer, a.a.O., S. 103.

einigen tausend Talern bewegen. Kant hat das offenbar mit Erfolg getan: Der reiche Königsberger Kaufmann erbot sich sogar, „Candidaten des Pädagogii auf seine Kosten in Dessau zu unterhalten", was freilich die Finanznot der Dessauer auch nicht wenden konnte. Trotz großer Beachtung, Anerkennung und früher Nachahmung stand Basedow und seinen Mitarbeitern das Wasser bis zum Hals. Das bewog Kant, in einem zweiten, mit K. unterzeichneten Artikel der Königsberger Zeitung vom 27. März 1777 nochmals mit sympathetischer Verve und aufklärerischem Pathos sich für das „Dessauische Eductionsinstitut, welches der Menschheit und also der Teilnehmung jedes Weltbürgers gewidmet ist", einzusetzen.

Es sei vergeblich, argumentiert Kant, das Heil von einer allmählichen Schulverbesserung zu erwarten. Die Schulen „müssen umgeschaffen werden, wenn etwas Gutes aus ihnen entstehen soll: weil sie in ihrer ursprünglichen Einrichtung fehlerhaft sind, und selbst die Lehrer derselben eine neue Bildung annehmen müssen. Nicht eine langsame Reform, sondern eine schnelle Revolution kann dieses bewirken". Dazu sei es zunächst einmal nötig, daß die Dessauer Schule, die die neue Erziehungsmethode verkörpere, nicht nur von allen Kennern beobachtet, sondern auch von allen Menschenfreunden unterstützt werde. Die der Schule zu Anfang noch anhaftenden Fehler, die freilich die Vertreter des „sich auf seinem Miste verteidigenden alten Herkommens" hämisch maximiert hätten, werde sie zweifellos bald abwerfen. Da nun einmal „die Regierungen jetziger Zeit zu Schulverbesserungen kein Geld zu haben scheinen", sei man dringend auf großmütige Unterstützung vermögender Privatpersonen angewiesen, die zunächst die von *Basedow* und *Campe* herausgegebenen *Pädagogischen Unterhandlungen* mit einem erhöhten Betrag abonnieren möchten. Abonnements könne man, außer in der Kanterschen Buchhandlung, auch „bei Herrn Prof. Kant in den Vormittagsstunden von 10 – 1 Uhr" aufnehmen.[56]

---

[56] Vgl. Vorländer, a.a.O., S. 104 f.

Dieses philanthropisch reformerische Engagement ist eines der Beispiele ebenso für Kants „wahren und echten Weltbürgersinn“ wie für seine „teilnehmende Menschenfreundlichkeit,“ die es nicht bei frommen Wünschen beließ, sondern sich „in reger Tätigkeit für das Wohl anderer“ äußerte, wie *Jachmann* resümiert.[57]

Immanuel Kant nach Veit Hanns Schnorr von Carolsfeld, 1789

[57] Jachmann, in: Groß, *I. Kant*, S. 141.

KANTS VORLESUNG ÜBER PÄDAGOGIK

Seit 1771 hatte ein engagierter Aufklärer im preußischen Schulwesen das Sagen. Es war der damals gerade vierzigjährige Karl Abraham Freiherr *von Zedlitz*, den Friedrich der Große zum Minister für Kirchen-, Unterrichts- und Universitätswesen berufen hatte. Nun wehte ein frischer Wind durch dieses „Wesen". Freiherr von Zedlitz, der eine Wahlverwandtschaft zu Kant empfand und bald mit ihm in regelmäßigem Briefwechsel stand und teils über Berliner Kantianer wie den jüdischen Arzt Markus *Herz*, teils über Königsberger Kollegnachschriften sozusagen Kants Fernschüler wurde, griff auch in Kants Universitätsleben ein. So rügte er 1775 die Rückständigkeit mancher Königsberger Professoren, weil diese sich teils auf veraltete Kompendien stützten, teils „die Köpfe der Studierenden mit nahrungslosen Subtilitäten verdüsterten".

Der Freiherr ehrte Kant auch insofern, als er einzig ihn und den Physiker Karl Daniel *Reusch* ausdrücklich von der Kritik und den Anweisungen über den Gebrauch von Kompendien ausnahm. Vier Jahre später bemühte er sich, Kant zur Annahme eines Lehrstuhls an der Universität Halle, seit Christian *Wolff* das Zentrum der deutschen Aufklärung und überdies die namhafteste preußische Universität, zu gewinnen. Dabei bot er Kant die ehrenvollsten und lukrativsten Bedingungen an, und überbot sich noch einmal, als der schon sein Alter fühlende, an die ostpreußische Heimat gebundene und vor allem auf die Abfassung seiner – ja noch ungeschriebenen – Kritiken hinlebende Kant das großartige Anerbieten schon einmal abgelehnt hatte. 1774 ordnete er, einem Vorschlag des Königsberger Senats „zur Verbesserung des hiesigen Schulwesens" folgend, ein publice zu lesendes Kolleg über Pädagogik an, das die Professoren der

Philosophischen Fakultät abwechselnd übernehmen sollten.[58]

Das ist der Ursprung von Kants *Pädagogik-Vorlesung*. Ausgearbeitet hat Kant diese Vorlesung, die er, als die Reihe 1780 damit wieder an ihn kam, ein zweites Mal gehalten, freilich nicht.[59] Doch beauftragte er seinen, ihm ergebenen jüngeren Kollegen Friedrich Theodor *Rink*, der auch die berühmten Vorlesungen über physische Geographie herausgegeben hat, mit der Redaktion und Edition des Konzepts. Als Redakteur scheint Rink aber nicht immer eine glückliche Hand gehabt zu haben.

In dieser Vorlesung entwirft Kant eine Pädagogik der sich über sich selbst aufklärenden Aufklärung, die das antiautoritäre Erziehungskonzept *Rousseaus* mit seinem Moralprinzip aber auch mit der Einsicht in den unvermeidlichen Zwang in der Erziehung vermittelt. Er setzt an mit einem Mensch-Tier-Vergleich, der dem seines Schülers *Herder* in der Berliner Preisschrift „Abhandlung über den Ursprung der Sprache“ von 1773 verwandt ist:

„Der Mensch ist das einzige Geschöpf, das erzogen werden muß. Unter der Erziehung nämlich verstehen wir die Wartung (Verpflegung, Unterhaltung), Disziplin (Zucht) und Unterweisung nebst der Bildung. Dem zufolge ist der Mensch Säugling, - Zögling, - und Lehrling.

Die Tiere gebrauchen ihre Kräfte, sobald sie deren nur welche haben, regelmäßig... Es ist in der Tat bewundernswürdig, wenn man z.E. die jungen Schwalben wahrnimmt, die kaum aus den Eiern gekrochen, und noch blind sind, wie

---

58 Zitiert nach Vorländer, *Kants Leben*, a.a.O., S. 89.

59 Kant legte seiner Pädagogik-Vorlesung, als er sie im Winter 1776/77 erstmals vortrug, *Basedows* „Methodenbuch für Väter und Mütter der Familien der Völker“ von 1770 zugrunde. Als er im Sommer 1780 wieder mit der Pädagogik-Vorlesung an der Reihe war, benutzte er freilich das von seinem theologischen Kollegen, dem Konsistorialrat D. *Bock*, verfaßte „Lehrbuch der Erziehungskunst zum Gebrauch für christliche Eltern und künftige Jugendlehrer“, ohne sich indessen, wie Theodor *Rink* betont, inhaltlich oder methodisch eng daran zu halten; vgl. dessen Vorrede, in: I. Kant, *Werke*, Bd. XII, S. 695.

die es nichts desto weniger zu machen wissen, daß sie ihre Exkremente aus dem Nest fallen lassen. Tiere brauchen daher keine Wartung, höchstens Futter, Erwärmung und Anführung, oder einen gewissen Schutz... Unter Wartung nämlich versteht man die Vorsorge der Eltern, daß die Kinder keinen schädlichen Gebrauch von ihren Kräften machen. Sollte ein Tier z.E., gleich wenn es auf die Welt kommt, schreien, wie die Kinder es tun: so würde es unfehlbar der Raub der Wölfe und anderer wilden Tiere werden, die es durch sein Geschrei herbeilockt.

Disziplin oder Zucht ändert die Tierheit in die Menschheit um. Ein Tier ist schon alles durch seinen Instinkt; eine fremde Vernunft hat bereits alles für dasselbe besorgt. Der Mensch aber braucht eigene Vernunft. Er hat keinen Instinkt, und muß sich selbst den Plan seines Verhaltens machen. Weil er aber nicht sogleich im Stande ist, dieses zu tun, sondern roh auf die Welt kommt: so müssen es andere für ihn tun.

Die Menschengattung soll die ganze Naturanlage der Menschheit, durch ihre eigene Bemühung, nach und nach von selbst herausbringen. Eine Generation erzieht die andere.“[60]

Unvermittelt bringt Kant, wie wir sehen, die Perspektive einer rousseauistisch eingefärbten Teleologie der Menschengattung ins Spiel: Die Menschheit humanisiere sich, indem sie alle ihre Naturanlagen selbständig entwickelt, um dadurch auch ihre, wie er anderwärts sagt, „sittliche Bestimmung“ nach und nach zu erreichen. Diese Entwicklungsperspektive hat – freilich bei sehr unterschiedlicher Bestimmung der Entwicklungsmittel und der Entwicklungsform – von *Rousseau* und *Lessing* bis zu *Hegel* und *Marx* und, über diese, bis in die Gegenwart die Deutung der Menschheitsgeschichte und das europäische Selbstverständnis geprägt. Und zwar zunächst in der Erziehung, dann als Selbsterfahrung des Bewußtseins und des objektiven Geistes und schließlich als vergesellschaftete Arbeit bzw. als Entwicklung der Produktivkräfte und Produktionsverhältnisse.

---

[60] I. Kant, *Werke*, Bd. XII, S. 697.

Die historistische Bestreitung der „Vernunft in der Geschichte", dann *Adornos* Verzweiflung daran und schließlich die postmoderne, über *Nietzsche* und *Heidegger* vermittelte, *Verleugnung der Vernunft* machen uns die aufklärerische Fortschrittsperspektive vielleicht befremdlich. Dann könnten wir aber folgendes bedenken. Zwar ist nicht die Leugnung der Vernunft in der Geschichte, wohl aber die Denunziation der Vernunft als Gewaltanwendung bzw. Machtausübung, wobei zwischen Macht und Gewalt nicht etwa wie von Hannah *Arendt*[61] unterschieden wird, oder auch ihre totale Zurückführung auf einen Zeitgeist nachgerade eine sinnlose Argumentation. Denn eine solche ‚Argumentation' kann als pragmatische Inkonsistenz oder performativer Selbstwiderspruch derer entlarvt werden, die eine solche Vernunftverleugnung eben als Argument und also mit dem Anspruch auf die intersubjektive Geltungsfähigkeit schreibend oder diskutierend vorbringen. Insofern ist es immer Vernunft, was sich widerspricht. Und Vernunft widerspricht sich mit Notwendigkeit, wenn sie der Selbstreflexion ermangelt. Dann nämlich läßt sie es, mit Kant gesprochen, daran fehlen, sich zugleich als Gerichtshof ihrer selbst zu verstehen und einzurichten. Wozu? Um den sinnwidrigen Vernunftgebrauch des „Vernünftelns" von dem sinnvollen des dialogisch verantwortlichen Argumentierens zu scheiden.

Einer solchen Kritik der Vernunft hat Kant den Weg gebahnt. Insofern hat er die Möglichkeit eröffnet, das überschwengliche Vernünfteln der Aufklärung ebenso wie die aufklärerischen Tendenzen zur Verkürzung der Vernunft auf eine technische bzw. strategische Rationalität der Mittel einer radikalen Kritik zu unterwerfen. Hat Kant uns damit nicht auch Hinweise auf die Möglichkeit gegeben, die aus der Verzweiflung an der Aufklärung hervorgegangene totale Vernunftkritik der Gegenwart sinnkritisch abzuweisen, sie aber, hinsichtlich ihrer Inhalte, auch wieder ins vernünftige Gespräch einzubeziehen?[62]

---

61 H. Arendt, *Macht und Gewalt*, München 1970.

62 Vgl. J. Habermas, *Der philosophische Diskurs der Moderne*, Frankfurt a.M. 1985; K.-O. Apel, „Der postkantische Universalis-

Wenn wir zu Kants Pädagogik-Vorlesung zurückkehren und den Schluß unseres Zitates genauer betrachten, so springt etwas ins Auge, was Kant von jener Entwicklungsperspektive insgesamt und ihrem möglichen Objektivismus insbesondere wesentlich unterscheidet: die *Sollens*bestimmung. Kant holt die Teleologie aus ihrem ontologischen Rahmen heraus und fügt sie in den deontologischen Rahmen einer postulativen Geschichtsphilosophie: einer Entwicklungsphilosophie, die auf *regulativen* Ideen wie der Idee eines ewigen Friedens aufbaut. Hier ist es die regulative Idee „einer Erziehung, die alle Naturanlagen im Menschen entwickelt". Es liegen, bemerkt Kant, „viele Keime in der Menschheit, und nun ist es unsere Sache, die Naturanlagen proportionierlich zu entwickeln, und die Menschheit aus ihren Keimen zu entfalten, und zu machen, daß der Mensch seine Bestimmung erreiche. Die Tiere erfüllen diese von selbst, und ohne daß sie sie kennen. Der Mensch muß erst suchen, sie zu erreichen, dieses kann aber nicht geschehen, wenn er nicht einmal einen Begriff von seiner Bestimmung hat."[63]

Vor allem in seinen Beiträgen zur Berlinischen Monatsschrift der Jahre 1784 und 1786, „*Idee zu einer allgemeinen Geschichte in weltbürgerlicher Absicht*" und „*Mutmaßlicher Anfang der Menschengeschichte*", hat Kant die regulative Idee der Menschheit, die sich durch Erziehung zu ihrer sittlichen Bestimmung geschichtlich entwickeln soll, konsequenter und klarer als in unserer Vorlesung entfaltet. Die Erziehung selbst unterteilt er, wie gesehen, in Wartung, Disziplinierung und Bildung bzw. Unterweisung. Diese dritte Stufe der Erziehung differenziert er dann wiederum nach drei Bildungsarten mit jeweils unterschiedlichen Bildungszielen:

mus der Ethik im Lichte seiner aktuellen Mißverständnisse", in: ders., *Diskurs und Verantwortung*, Frankfurt a.M. 1988, S. 154 ff. Ders., „Die Herausforderung der totalen Vernunftkritik und das Programm einer philosophischen Theorie der Rationalitätstypen", in: Annemarie Gethmann-Sieffert (Hg.): *Philosophie und Poesie. Otto Pöggeler zum 60. Geburtstag*, Stuttgart/Bad Cannstadt (frommann-holzboog) 1988. S. 17-43.

[63] I. Kant, *Werke*, Bd. XII, S. 701.

„Bei der Erziehung muß der Mensch also 1) *diszipliniert* werden. Disziplinieren heißt suchen zu verhüten, daß die Tierheit nicht der Menschheit, in dem einzelnen sowohl, als gesellschaftlichen Menschen, zum Schaden gereiche. Disziplin ist also bloß Bezähmung der Wildheit.

2) muß der Mensch *kultiviert* werden. Kultur begreift unter sich die Belehrung und die Unterweisung. Sie ist die Verschaffung der Geschicklichkeit. Diese ist der Besitz eines Vermögens, welches zu allen beliebigen Zwecken zureichend ist. Sie bestimmt also gar keine Zwecke, sondern überläßt das nachher den Umständen. […]

3) muß man darauf sehen, daß der Mensch auch *klug* werde, in die menschliche Gesellschaft passe, daß er beliebt sei, und Einfluß habe. Hierzu gehört eine gewisse Art von Kultur, die man *Zivilisierung* nennet. Zu derselben sind Manieren, Artigkeit und eine gewisse Klugheit erforderlich, derzufolge man alle Menschen zu seinen Endzwecken gebrauchen kann. Sie richtet sich nach dem wandelbaren Geschmacke jedes Zeitalters. So liebte man noch vor wenigen Jahrzehenden Zeremonien im Umgange.

4) muß man auf die *Moralisierung* sehen. Der Mensch soll nicht bloß zu allerlei Zwecken geschickt sein, sondern auch die Gesinnung bekommen, daß er nur lauter gute Zwecke erwähle. Gute Zwecke sind diejenigen, die notwendigerweise von jedermann gebilligt werden; und die auch zu gleicher Zeit jedermanns Zwecke sein können.“[64]

Im Blick auf den Kontext ergibt sich daraus folgendes Schema:

[64] Ebd., S.706 f.

<table>
<tr><td rowspan="4">K
U
L
T
U
R</td><td>Bildungsarten/
Kulturstufen</td><td>Bildungsziele</td></tr>
<tr><td>Kultivierung</td><td>Geschicklichkeit</td></tr>
<tr><td>Zivilisierung</td><td>gesellschaftliche Klugheit</td></tr>
<tr><td>Moralisierung</td><td>freie Zweckwahl nach Prinzipien praktischer Vernunft./
Fertigkeit, nach Maximen der Menschheit zu handeln.</td></tr>
</table>

Diese Bildungsarten sind zugleich Kulturstufen, und entsprechend ihrer Stufung ist das Bildungsziel der *Moralisierung* oder der moralischen Erziehung das höchste. Zur Realisierung dieses Ziels gehört, wie der späte Kant zu betonen nicht müde wird, mit logischer Notwendigkeit *Freiheit.*

Als moralisch können Zwecke bzw. Maximen nur gelten, wenn sie einen *„Grund der Verbindlichkeit"* bei sich führen[65], den die Betreffenden als solchen Grund einsehen und den sie aufgrund dieser Einsicht wählen können. Nun setzt die Wahl eines Zweckes bzw. einer Maxime aus Einsicht Freiheit voraus. Die mögliche Verbindlichkeit – auch und gerade im strengen Sinne der intersubjektiven Gültigkeit – setzt also Einsicht *und* Freiheit voraus. Das aber bedeutet: Verbindlichkeit verlangt Vernunft, die durch äußere Befreiung *und* innere Befreiung, nämlich Aufklärung, zur *Autonomie* gelangt ist.

Im Sinne dieser Überlegung, die auf dem „höchsten Punkt" der praktischen Philosophie angesiedelt ist, nämlich dem Grundsatz der anzustrebenden Autonomie, bestimmt Kant die Methode des Erziehers nach verschiedenen Stufen der Erziehung und der Kultur bzw. der Bildung. Für alle Erziehungsstufen gelte: „Der Mensch kann entweder bloß dressiert, abgerichtet, mechanisch unterwiesen, oder würklich

---

[65] I. Kant, Grundlegung zur Metaphysik der Sitten, in: *Werke*, Bd. VII, S. 12.

aufgeklärt werden. Man dressiert Hunde, Pferde, und man kann auch Menschen dressieren... Mit dem Dressieren aber ist es noch nicht ausgerichtet, sondern es kommt vorzüglich darauf an, daß Kinder *denken* lernen. Das geht auf die Prinzipien hinaus, aus denen alle Handlungen entspringen". Hier betont Kant, es gehe darum, daß die nach Vernunftprinzipien aufzusuchenden Zwecke oder Maximen „aus dem Menschen selbst entstehen müssen... Die erste Bemühung bei der moralischen Erziehung ist, einen Charakter zu gründen. Der Charakter besteht in der Fertigkeit, nach Maximen zu handeln. Im Anfange sind es Schulmaximen, und nachher Maximen der Menschheit. Im Anfange gehorcht das Kind Gesetzen. Maximen sind auch Gesetze, aber subjektive; sie entspringen aus dem eignen Verstande des Menschen."[66]

Die Kinder sollen von den Lehrern dahin gebracht werden, daß sie *selbst* denken und aus Einsicht sich Maximen der Menschheit bilden, indem sie sich letztlich an der *Idee der Menschheit* orientieren – das ist gewissermaßen die Antizipation und schon eine pädagogische Umsetzung der normativen Ethik, die Kant erstmals 1785 in der „*Grundlegung zur Metaphysik der Sitten*" entfaltet. Freilich hat er 1780 schon eine pädagogische Vorlesung über Ethik gehalten, die der „Grundlegung" in mancher Hinsicht nahekommt, aber auch traditionell hinter ihr zurückbleibt.[67]

Als pädagogische Applikation der Vernunftethik avant la lettre ist die *Pädagogik-Vorlesung* eine Veranschaulichung der späteren normativen Ethik, die deren logische Präzision freilich noch nicht erreicht. So unterscheidet sie nicht zwischen der Menschheit und einem Reich *aller* möglichen Vernunftwesen als Vernunftwesen. Das ist für die strenge Intersubjektivität bzw. universale Verbindlichkeit einer moralischen Maxime, die Kant in der „Grundlegung" zum Angelpunkt macht, jedoch entscheidend. Dementsprechend hätte er 1785 z.B. nicht mehr formuliert: „Gute Zwecke sind diejenigen, die notwendigerweise von jedermann gebilligt

---

[66] I. Kant, *Werke*, Bd. XII, S. 707 und S. 740 f.

[67] Vgl. *Eine Vorlesung Kants über Ethik*. Im Auftrage der Kant-Gesellschaft hrsg. von Paul Menzer, Berlin 1924.

werden", sondern etwa so: ‚Gute Zwecke sind diejenigen, die notwendigerweise, nämlich nach Maßgabe des kategorischen Imperativs, von allen Menschen *als* Vernunftwesen und Mitgliedern des Vernunftreiches der freien Zwecksetzung gebilligt würden.'

Gleichviel, als regulative Prinzipien verstanden, können *„Maximen der Menschheit"* für die Begründung einer Pädagogik zureichend sein, wenn sie mit den Erfordernissen der Lebens- oder Gesellschaftsklugheit zwar vermittelt, nicht aber vermengt werden. Eine solche Vermittlung, die dem Moralprinzip den *Primat* beläßt, wenn sie auch die utilitaristisch-strategischen Lebenserfordernisse als das Prius anerkennt, scheint Kant hier leisten zu wollen. Daraufhin betrachtet bzw. so rekonstruiert, gewinnt die Ethik-Vorlesung klare Konturen.[68] Läßt sie sich nun doch als dreifache Aus-

---

[68] Ein bloßes Aufzählen, Nacherzählen inhaltlicher Aspekte verunklart hier, auch wenn es, wie bei Vorländer, wichtige Details vor Augen führt. Dieser Details wegen sei Vorländers Zusammenfassung zu einem guten Teil zitiert: Das *Prinzip der Pädagogik* „soll ‚die Idee der Menschheit' sein. Zwang muß sein, aber er soll zur Freiheit führen. Neben dem Gehorsam sind die Kinder vor allem an Wahrhaftigkeit zu gewöhnen, denn in erster Linie kommt es auf Gründung eines Charakters an. Öffentliche Erziehung ist im allgemeinen der privaten vorzuziehen, darf jedoch nicht einseitig im bloßen Nützlichkeitsinteresse des Staates oder gar der Fürsten ausgeübt werden; sie soll ungefähr bis zum 16. Jahre gehen. Auch die körperliche Erziehung – sogar die Ernährung der Säuglinge – wird ausführlich erörtert. Man liest mit einigem Ergötzen, wie der große Philosoph gegen das ‚mumien'hafte Einwickeln und gegen das Wiegen der Kleinen, gegen Leitband und Schnürbrust zu Felde zieht. Auch der Wert des Spiels – Kant kennt sie alle, vom Ball, Kreisel und Papierdrachen bis zu dem schon bei den Griechen üblichen Blindekuhspiel – und der Abhärtung wird betont. Von früh auf muß das Kind *arbeiten*, später vor allem *denken* und selbst etwas hervorbringen lernen; mit dem Wissen muß allmählich das *Können* verbunden werden. Die Moralisierung soll man nicht, wie es meist geschieht, dem Prediger überlassen, sondern man müßte einen Katechismus dessen, was *recht* ist, aufstellen, wie es Kant selbst später in seiner Kritik der praktischen Vernunft versucht hat. Auch für rechtzeitige sexuelle Aufklärung tritt der Philosoph ein. Die einzelnen Unterrichtsfächer werden nur kurz gestreift, indes

legung einer regulativen Idee der Menschheit und als deren Anwendung auf das Problem des Zwangs in der Erziehung lesen:

(1) als *kritisch moralisches Regulativ* zur utilitaristischen Orientierung der Erziehung an der gesellschaftlichen Gegenwart mit ihren Anpassungsimperativen und ihrer pragmatischen Sittlichkeit,

(2) als ethisches und politisches *Prinzip der Achtung und Liebe alles dessen, was Menschenantlitz trägt*, ohne Ansehen sozialer, nationaler und individueller Unterschiede,

(3) als entwicklungspädagogisches und geschichtsphilosophisches *Postulat einer Erziehung des Menschengeschlechts*, die à la longue alle Naturanlagen der menschlichen Gattung möglichst vollkommen entwickelt. Das wäre eine aristotelisch-rousseauistische Teleologie, die aber in die Hand der Menschen gelegt ist: ein aufgegebener Bildungsprozeß, der gelingen oder scheitern kann.

Zu (1)

„Ein Prinzip der Erziehungskunst, das besonders solche Männer, die Pläne zur Erziehung machen, vor Augen haben sollten, ist: Kinder sollen nicht dem gegenwärtigen, sondern dem zukünftig möglich bessern Zustande des menschlichen Geschlechts, das ist: der Idee der Menschheit, und deren ganzer Bestimmung angemessen, erzogen werden. Dieses Prinzip ist von großer Wichtigkeit. Eltern erziehen ge-

---

auch hier schon ganz moderne Gesichtspunkte aufgestellt: die lebenden Sprachen lernt man am besten durch den Umgang; die Geschichte ist ein treffliches Mittel, die Urteilskraft zu üben; im geographisch-historischen Unterricht wird Ausgehen von der Gegenwart, sowie Veranschaulichkeit durch Kupferstiche und Karten empfohlen. Übrigens auch schon Zeichnen und Modellieren. Mit dem Wissen ist ferner das Sprechen zu verbinden, von auswendig gelernten Reden dagegen nichts zu halten. Die Erziehung muß überhaupt alle Gemütskräfte (Sinne, Verstand, Urteilskraft, Gedächtnis) gleichmäßig ausbilden." (Vorländer, *Immanuel Kant. Der Mann und das Werk*, Bd. I, S. 228.)

meiniglich ihre Kinder nur so, daß sie in die gegenwärtige Welt, sei sie auch verderbt, passen. Sie sollten sie aber besser erziehen, damit ein zukünftiger besserer Zustand dadurch hervorgebracht werde. Es finden sich hier aber zwei Hindernisse:

1) Die Eltern nämlich sorgen gemeiniglich nur dafür, daß ihre Kinder gut in der Welt fortkommen, und
2) die Fürsten betrachten ihre Untertanen nur wie Instrumente zu ihren Absichten.

Eltern sorgen für das Haus, Fürsten für den Staat. Beide haben nicht das Weltbeste und die Vollkommenheit, dazu die Menschheit bestimmt ist, und wozu sie auch die Anlage hat, zum Endzwecke. Die Anlage zu einem Erziehungsplane muß aber kosmopolitisch gemacht werden."[69]

Zu (2)

Die Kinder sollen in Menschenliebe unterwiesen werden. Sie sollen zur *„Menschenliebe gegen andere"* und zu *„weltbürgerlichen Gesinnungen"* gebracht werden. Kant gibt dazu diese politische Anwendung:

Ein „Unterschied, den der Jüngling um die Zeit, da er in die Gesellschaft eintritt, zu machen anfängt, besteht in der Kenntnis von dem Unterschiede der Stände und der Ungleichheit der Menschen. Als Kind muß man ihm diese gar nicht merken lassen. Man muß es ihm selbst nicht einmal zugeben, dem Gesinde zu befehlen. Sieht es, daß die Eltern dem Gesinde befehlen: so kann man ihm allenfalls sagen: wir geben ihnen Brot, und dafür gehorchen sie uns, du tust das nicht, und also dürfen sie dir auch nicht gehorchen. Kinder wissen davon auch nichts, wenn Eltern ihnen nur nicht selbst diesen Wahn beibringen. Dem Jünglinge muß man zeigen, daß die Ungleichheit der Menschen eine Einrichtung sei, welche entstanden ist, da ein Mensch Vorteile vor dem andern zu erhalten gesucht hat. Das Bewußtsein der Gleichheit der Menschen, bei der bürgerlichen Ungleichheit kann ihm nach und nach beigebracht werden."[70]

---

[69] I. Kant, *Werke*, Bd. XII, S. 704.

[70] Ebd., S. 760.

Freilich hat Kant seine Pädagogik nicht als Anwendung seiner normativen Ethik entwickelt – also hinsichtlich der Frage, welche Art Erziehungsziele gerechtfertigt werden können bzw. welche Bedingungen sie erfüllen müssen, damit sie als moralisch verbindlich gelten können. Vielmehr setzt er anthropologisch an und kommt sofort zu der, von uns schon vorgestellten, mit *Rousseau*, *Lessing* und *Herder* verwandten, teleologisch-geschichtsphilosophischen Entwicklungsperspektive: „Die Menschengattung soll die ganze Naturanlage der Menschheit, durch ihre eigene Bemühung, nach und nach von selbst herausbringen. Eine Generation erzieht die andere.“[71]

Zu (3)

Damit haben wir schon die dritte Hinsicht der Kantischen Idee der Menschheit als pädagogisches Prinzip vor uns: das *Postulat einer moralischen Erziehung des Menschengeschlechts*. Dafür, daß eine zunehmende Annäherung an dieses Postulat möglich ist, sprechen nach Kant die Zeichen der Zeit, der Aufklärungszeit. Noch 1787 schloß er eine seiner Vorlesungen über praktische Philosophie mit dem Hinweis auf die Basedowschen Anstalten: Dazu, daß die Erziehung die menschlichen Talente entwickele und die Charaktere moralisiere, machen „die *Basedow*schen Anstalten [...] eine kleine frohe Hoffnung“.[72]

Nicht ohne rousseauistische Naivität und aufklärerischen Fortschrittsoptimismus sagt er in der Pädagogik-Vorlesung: „Vielleicht, daß die Erziehung immer besser werden, und daß jede folgende Generation einen Schritt näher tun wird zur Vervollkommnung der Menschheit; denn hinter der Edukation steckt das große Geheimnis der Vollkommenheit der menschlichen Natur. Von jetzt an kann dieses geschehen. Denn nun erst fängt man an, richtig zu urteilen, und deutlich einzusehen, was eigentlich zu einer guten Erziehung gehöre. Es ist entzückend, sich vorzustellen, daß die menschliche Natur immer besser durch Erziehung werde

[71] Ebd., S. 697.

[72] Vorländer, *Kants Leben*, S. 108.

entwickelt werden, und daß man diese in eine Form bringen kann, die der Menschheit angemessen ist. Dies eröffnet uns den Prospekt zu einem künftigen glücklichern Menschengeschlechte. –

Ein Entwurf zu einer Theorie der Erziehung ist ein herrliches Ideal und es schadet nichts, wenn wir auch nicht gleich im Stande sind, es zu realisieren. Man muß nur nicht gleich die Idee für schimärisch halten, und sie als einen schönen Traum verrufen, wenn auch Hindernisse bei ihrer Ausführung eintreten.

Eine Idee ist nichts anderes, als der Begriff von einer Vollkommenheit, die sich in der Erfahrung noch nicht vorfindet. Z.E. die Idee einer vollkommenen, nach Regeln der Gerechtigkeit regierten Republik! Ist sie deswegen unmöglich? Erst muß unsere Idee nur richtig sein, und dann ist sie bei allen Hindernissen, die ihrer Ausführung noch im Wege stehen, gar nicht unmöglich. Wenn z.E. ein jeder löge, wäre deshalb das Wahrreden eine bloße Grille? Und die Idee einer Erziehung, die alle Naturanlagen im Menschen entwickelt, ist allerdings wahrhaft [...].

Es liegen viele Keime in der Menschheit, und nun ist es unsere Sache, die Naturanlagen proportionierlich zu entwickeln, und die Menschheit aus ihren Keimen zu entfalten, und zu machen, daß der Mensch seine Bestimmung erreiche. Die Tiere erfüllen diese von selbst, und ohne daß sie sie kennen. Der Mensch muß erst suchen, sie zu erreichen, dieses kann aber nicht geschehen, wenn er nicht einmal einen Begriff von seiner Bestimmung hat."[73]

„Soviel ist aber gewiß, daß nicht einzelne Menschen, bei aller Bildung ihrer Zöglinge, es dahin bringen können, daß dieselben ihre Bestimmung erreichen. Nicht einzelne Menschen, sondern die Menschengattung soll dahin gelangen.

Die Erziehung ist eine Kunst, deren Ausübung durch viele Generationen vervollkommnet werden muß. Jede Generation, versehen mit den Kenntnissen der vorhergehenden, kann immer mehr eine Erziehung zu Stande bringen, die alle Naturanlagen des Menschen proportionierlich und zweckmäßig

---

[73] I. Kant, *Werke*, Bd. XII, S. 700 f.

entwickelt, und so die ganze Menschengattung zu ihrer Bestimmung führt. – Die Vorsehung hat gewollt, daß der Mensch das Gute aus sich selbst herausbringen soll, und spricht, so zu sagen, zum Menschen: ‚Gehe in die Welt', – so etwa könnte der Schöpfer den Menschen anreden! – ‚ich habe dich ausgerüstet mit allen Anlagen zum Guten. Dir kömmt es zu, sie zu entwickeln, und so hängt dein eigenes Glück und Unglück von dir selbst ab'.

Der Mensch soll seine Anlagen zum Guten erst entwickeln; die Vorsehung hat sie nicht schon fertig in ihn gelegt; es sind bloße Anlagen und ohne den Unterschied der Moralität. Sich selbst besser machen, sich selbst kultivieren, und, wenn er böse ist, Moralität bei sich hervorbringen, das soll der Mensch. Wenn man das aber reiflich überdenkt, so findet man, daß dieses sehr schwer sei. Daher ist die Erziehung das größeste Problem, und das schwerste, was dem Menschen kann aufgegeben werden. Denn *Einsicht hängt von der Erziehung, und Erziehung hängt wieder von der Einsicht ab*. Daher kann die Erziehung auch nur nach und nach einen Schritt vorwärts tun, und nur dadurch, daß eine Generation ihre Erfahrungen und Kenntnisse der folgenden überliefert, diese wieder etwas hinzu tut, und es so der folgenden übergibt, kann ein richtiger Begriff von der Erziehungsart entspringen. Welche große Kultur und Erfahrung setzt also nicht dieser Begriff voraus? Er konnte demnach auch nur spät entstehen, und wir selbst haben ihn noch nicht ganz ins reine gebracht. Ob die Erziehung im einzelnen wohl der Ausbildung der Menschheit im allgemeinen, durch ihre verschiedenen Generationen, nachahmen soll?

Zwei Erfindungen der Menschen kann man wohl als die schweresten ansehen: die der Regierungs- und die der Erziehungskunst nämlich, und doch ist man selbst in ihrer Idee noch streitig."[74]

Abschließend sollten wir noch betrachten, wie Kant das *Verhältnis von Freiheit und Zwang in der Erziehung* bestimmt. Es handelt sich ja nicht um irgendeine bloß pragmatische Erziehung im Sinne einer Zivilisierung, die an die

---

[74] Ebd., S. 702 f.

Üblichkeiten und Sitten einer gegebenen Lebens- bzw. Gesellschaftsform sich gewöhnen solle, sondern um eine Erziehung gemäß der „Idee der Menschheit“, also um eine universalistisch-moralisch orientierte und normierte Erziehung. Das Problem des Zwangs stellt sich hier dreifach: in der Erziehung zur Moralität selbst (a), in der Bildung des Willens oder sozialen Verhaltens (b) und nicht zuletzt in der Erziehung zum Staatsbürger oder der politischen Bildung (c).

(a) Die Erziehung zur Moral selber, der es – von den Schulfächern Religion und Philosophie bis zum praktischen Umgang mit Kindern – um das, was wir tun *sollen*, geht, dürfe *nicht* auf Disziplin gegründet sein: „Die moralische Kultur muß sich gründen auf Maximen, nicht auf Disziplin. Diese verhindert die Unarten, jene bildet die Denkungsart. Man muß dahin sehen, daß das Kind sich gewöhne, nach Maximen, und nicht nach gewissen Triebfedern zu handeln. Durch Disziplin bleibt nur eine Angewohnheit übrig, die doch auch mit den Jahren verlöscht. Nach Maximen soll das Kind handeln lernen, deren Billigkeit es selbst einsieht. Daß dies bei jungen Kindern schwer zu bewürken, und die moralische Bildung daher auch die meisten Einsichten von seiten der Eltern und der Lehrer erfordern, sieht man leicht ein.“[75]

Wenn ein Kind lügt, so solle man es nicht bestrafen sondern ihm zeigen, daß man die Lüge verachtet: „Ein Blick der Verachtung [ist] Strafe genug, und die zweckmäßigste Strafe.“[76] Eine utilitaristische Erziehungsmethode – man denke an die behavioristische Verhaltenskonditionierung – lehnt Kant ab, weil sie das Kind zum praktischen *Egoisten* mache, der nur strategisch nach Klugheitsregeln handele, um seinen jeweiligen Nutzen zu erreichen. Das erläutert er folgendermaßen: „Bestraft man das Kind [...], wenn es Böses tut, und belohnt es, wenn es Gutes tut, so tut es Gutes, um es gut zu haben. Kommt es nachher in die Welt, wo es nicht so zugeht, wo es Gutes tun kann, ohne eine Belohnung, und Böses, ohne Strafe zu empfangen: so wird aus ihm ein Mensch,

---

[75] Ebd., S. 740.
[76] Ebd., S. 742.

der nur sieht, wie er gut in der Welt fortkommen kann, und gut oder böse ist, je nachdem er es am zuträglichsten findet."[77]

Die moralische Erziehung solle dem Kind Maximen vermitteln – aber so, daß es diese einsieht:

„Die Maximen müssen aus dem Menschen selbst entstehen. Bei der moralischen Kultur soll man schon frühe den Kindern Begriffe beizubringen versuchen von dem, was gut oder böse ist. Wenn man Moralität gründen will: so muß man nicht strafen. Moralität ist etwas so Heiliges und Erhabenes, daß man sie nicht so wegwerfen und mit Disziplin in einen Rang setzen darf. Die erste Bemühung bei der moralischen Erziehung ist, einen Charakter zu gründen. Der Charakter besteht in der Fertigkeit, nach Maximen zu handeln."[78]

(b) Was die *Bildung des Willens* und des *Gemüts* angeht, worunter Kant insbesondere die Fähigkeit zum *sozialen Verhalten*, etwa in der Familie, versteht, so betont er: Hier dürfe „die Disziplin nicht sklavisch" sein, das Kind müsse vielmehr „immer seine Freiheit fühlen, doch so, daß es nicht die Freiheit anderer hindere; es muß daher Widerstand finden. Manche Eltern schlagen ihren Kindern alles ab, um dadurch die Geduld der Kinder zu exerzieren, und fordern demnach mehr Geduld von den Kindern, als sie deren selbst haben. Dies ist aber grausam. Man gebe dem Kinde, soviel ihm dienet, und nachher sage man ihm: du hast genug."[79]

(c) Scharf kritisiert Kant in diesem Zusammenhang sowohl die Erziehung zur Härte als auch die zur Scham: „Die Eltern reden gemeiniglich sehr viel von dem Brechen des Willens bei den Kindern. Man darf ihren Willen nicht brechen ..."[80] Die Erziehung zur Scham zerstöre den aufrechten Menschen, seine Wahrhaftigkeit und seinen Freimut: „Gemeinhin ruft man den Kindern ein: Pfui, schäme dich, wie

---

77 Ebd., S. 740.
78 Ebd., S. 740 f. Hervorhebung von mir.
79 Ebd., S. 722.
80 Ebd., S. 719.

schickt sich das! usw. zu. Dergleichen sollte aber bei der ersten Erziehung gar nicht vorkommen. Das Kind hat noch keine Begriffe von Scham und vom Schicklichen, es hat sich nicht zu schämen, soll sich nicht schämen, und wird dadurch nur schüchtern. Es wird verlegen bei dem Anblicke anderer, und verbirgt sich gerne vor anderen Leuten. Dadurch entsteht Zurückhaltung, und ein nachteiliges Verheimlichen. Es wagt nichts mehr zu bitten, und sollte doch um alles bitten können; es verheimlicht seine Gesinnung, und scheint immer anders, als es ist, statt daß es freimütig alles müßte sagen dürfen. Statt immer um die Eltern zu sein, meidet es sie, und wirft sich dem willfährigern Hausgesinde in die Arme.“[81]

(d) Wie soll die moralische Erziehung mit der *politischen* Bildung verbunden werden? Politisch seien die geltenden Gesetze des Staates zu befolgen, man müsse sich also dem Rechtszwang unterwerfen. Dem unterstehe auch die Schule als Institution. Moralisch aber solle man, so Kant, allein die Maximen der Vernunft befolgen, die man als solche in völliger Freiheit müsse einsehen und prüfen können. In der Einleitung seines Kollegs über Pädagogik sagt Kant dazu:

„Eines der größesten Probleme der Erziehung ist, wie man die Unterwerfung unter den gesetzlichen Zwang mit der Fähigkeit, sich seiner *Freiheit* zu bedienen, vereinigen könne. Denn Zwang ist nötig! Wie kultiviere ich die Freiheit bei dem Zwange? Ich soll meinen Zögling gewöhnen, einen Zwang seiner Freiheit zu dulden, und soll ihn selbst zugleich anführen, seine Freiheit gut zu gebrauchen. Ohne dies ist alles bloßer Mechanism, und der der Erziehung Entlassene weiß sich seiner Freiheit nicht zu bedienen. […]

Hier muß man folgendes beobachten: 1) daß man das Kind, von der ersten Kindheit an, in allen Stücken frei sein lasse (ausgenommen in den Dingen, wo es sich selbst schadet, z.E. wenn es nach einem blanken Messer greift), wenn es nur nicht auf die Art geschieht, daß es anderer Freiheit im Wege ist, z.E. wenn es schreiet, oder auf eine allzulaute Art lustig ist, so beschwert es andere schon. 2) muß man ihm

---

[81] Ebd. S. 723.

zeigen, daß es seine Zwecke nicht anders erreichen könne, als nur dadurch, daß es andere ihre Zwecke auch erreichen lasse, z.E. daß man ihm kein Vergnügen mache, wenn es nicht tut, was man will, daß es lernen soll etc. 3) Muß man ihm beweisen, daß man ihm einen Zwang auflegt, der es zum Gebrauche seiner eigenen Freiheit führt, daß man es kultiviere, damit es einst frei sein könne, d.h. nicht von der Vorsorge anderer abhängen dürfe.“[82]

Kant-Denkmal in Kaliningrad, Photographie von Valdis Pilskalns

[82] Ebd., S. 711.

VOR KANTS ETHISCHER ENTDECKUNG

Wenn wir aus dieser Pädagogik die Pointe herausziehen und den argumentativen Kontext berücksichtigen, in dem Kant denkt, dann zeigt er sich als Entdecker der praktischen Vernunft in dürftiger Zeit. Denn er entdeckt eigentlich erst die praktische Vernunft, und zwar in scharfer Abhebung von der vorherrschenden Ratio der Neuzeit. Will sagen von der instrumentellen Vernunft à la Machiavelli (1469-1527) und Hobbes (1588-1679).

Hatte schon *Machiavelli* das Sozialverhalten der Menschen aus Trieben und Affekten wie aus Naturgesetzlichkeiten erklären wollen, so erklärt *Hobbes* auch den Schritt der Menschen zur bürgerlichen Ordnung im Sinne eines Staatsvertrags – und noch die Einhaltung beider – aus dem Interessenkalkül in Verbindung mit einer natürlichen Anlage des Menschen, dem Selbsterhaltungsinteresse, und mit einem natürlichen Affekt, der Furcht.[83]

Es sind also Naturgegebenheiten, letztlich die Furcht vor einem gewaltsamen Tode im rechtlosen „Naturzustand“ eines egoistischen Kampfes aller gegen alle, die nach Hobbes den Menschen zum Staatsvertrag motivieren – oder sollte man sagen: nötigen?

Hobbes geht nicht mehr von einer unmittelbar verstehbaren teleologischen Naturordnung aus, sondern von einer theoretisch erklärbaren, empirischen Naturkausalität und verbindet diese mit dem Kalkül einer instrumentellen Vernunft. Wiewohl er, der als Bewunderer *Galileis* dessen Mechanik auf die Gesellschaft zu übertragen suchte, an der Ablösung des metaphysischen durch einen vermeintlich rein wissenschaftlichen Naturbegriff vollen Anteil hat, überwindet er die klassisch-ethische Argumentationsweise nicht, die das morali-

---

[83] Th. Hobbes, *Leviathan* I, 13; II, 17; deutsch: hg. Fetscher, S. 96 ff. und 131; *De cive*, Vorwort, 1, 13; 5, 12 und 6, 4; deutsch: hg. Gawlick, S. 68 ff., 84, 129 ff. und 133.

sche Sollen aus dem natürlichen Sein ableitet.[84] Das heißt aber, Hobbes beruft sich auf eine außerargumentative Instanz.

Erst ein Jahrhundert später zieht der schottische Philosoph David *Hume* (1711-1776) aus jener Ablösung des metaphysischen Naturbegriffs die moralphilosophische Konsequenz, daß aus dem Sein (der Natur) kein Sollen (des sozial Handelnden) abgeleitet werden kann, daß also Normen nicht aus Fakten begründet werden können. Genauer gesagt: Auch Hume legt diese Konsequenz nur nahe.[85] Aber sie ist gleichsam fällig: Der deutsche Philosoph Christian August *Crusius* (1715-1775), der selbst in der Tradition des Naturrechts der Aufklärung steht, aber schon Grundgedanken der Kantischen Ethik vorwegnimmt, setzt das *Sein* der quantitativen Natur (als Objekt der Physik), vom *Sollen* der moralischen Gesetzgebung (als Thema der Ethik) in aller Schärfe ab: „Die physikalische Wirklichkeit ist, nach welcher etwas ist, die moralische, nach welcher es sein soll.“[86]

---

84 Vgl. C.B. Macpherson, *Die politische Theorie des Besitzindividualismus*, Frankfurt a.M. 1973, S. 87, 91 ff.

85 D. Hume, *Ein Traktat über die menschliche Natur (*1973), Buch III (über Moral), Erster Teil, 1. Abschnitt, S. 211 f., vgl. 204 ff. Dazu L. W. Beck, „‘was – must be‘ and ‚is – ought‘ in Hume”, in: Philosophical Studies 26 (1974), S. 219 ff.

86 C.A. Crusius, *Anweisung vernünftig zu leben*, Leipzig 1744, S. 204.

KANT: MORAL IST PRAKTISCHE VERNUNFT

Der Aufklärer *Kant* nimmt diese Herausforderung der Ethik an, indem er die Ethik zu begründen versucht ohne den Rückgriff auf Natur und erfahrbare Fakten – allein aus der Idee einer praktischen Vernunft des Menschen, insofern der Mensch einen Willen hat, sich selbst Gesetze gibt und auf dieses Vermögen reflektiert. Diese Idee geht auf das *moralisch Verbindliche* (nicht etwa auf das Zweckdienliche), das ein Mensch, insofern er ein vernünftiges Wesen ist, als allgemeingültige Handlungsregel selbst *wollen* können muß, ohne mit sich selbst (als fiktivem Gesetzgeber) in Widerspruch zu geraten.

„Der kategorische Imperativ, der überhaupt nur aussagt, was Verbindlichkeit sei, ist: *handle nach einer Maxime, welche zugleich als ein allgemeines Gesetz gelten kann.* – Deine Handlungen mußt du also zuerst nach ihrem subjektiven Grundsatze betrachten: ob aber dieser Grundsatz auch objektiv gültig sei, kannst du nur daran erkennen, daß, weil deine Vernunft ihn der Probe unterwirft, durch denselben dich zugleich als allgemein gesetzgebend zu denken, er sich zu einer solchen allgemeinen Gesetzgebung qualifiziere."[87]

Unterschrift Immanuel Kants

[87] I. Kant, Metaphysik der Sitten, in: *Werke*, Bd. VIII, S. 331.

Literatur

a) Verwendete Literatur

Immanuel Kant, *Werke in zwölf Bänden. Theorie-Werkausgabe*, hrsg. von Wilhelm Weischedel, Frankfurt a.M. 1960.

Eine Vorlesung Kants über Ethik. Im Auftrage der Kant-Gesellschaft hrsg. von Paul Menzer, Berlin 1924.

Karl-Otto Apel, „Der postkantische Universalismus der Ethik im Lichte seiner aktuellen Mißverständnisse“, in: ders., *Diskurs und Verantwortung*, Frankfurt a.M. 1988, S. 154-178.

Karl-Otto Apel, „Die Herausforderung der totalen Vernunftkritik und das Programm einer philosophischen Theorie der Rationalitätstypen“, in: A. Gethmann-Sieffert (Hg.): *Philosophie und Poesie. Otto Pöggeler zum 60. Geburtstag*, Stuttgart/Bad Cannstadt 1988. S. 17-43.

Hannah Arendt, *Macht und Gewalt*, München 1970.

Lewis White Beck, „‘was – must be‘ and ‚is – ought‘ in Hume”, in: Philosophical Studies 26 (1974), S. 219-228.

Dietrich Böhler, *Rekonstruktive Pragmatik. Von der Bewußtseinsphilosophie zur Kommunikationsreflexion: Neubegründung der praktischen Wissenschaften und Philosophie*, Frankfurt a.M. 1985.

Dietrich Böhler, *Verbindlichkeit aus dem Diskurs. Denken und Handeln nach der Wende zur kommunikativen Ethik – Orientierung in der ökologischen Dauerkrise*, Alber Studienausgabe, Freiburg/München, 2014.

Dietrich Böhler, „Dialogreflexive Sinnkritik als Kernstück der Transzendentalpragmatik. Karl-Otto Apels Athene im Rücken“, in: ders., M. Kettner u. G. Skirbekk (Hg.): *Reflexion und Verantwortung. Auseinandersetzungen mit Karl-Otto Apel*, Frankfurt a.M. 2003. S. 15-43.

Dietrich Böhler, „Rechtstheorie als kritische Reflexion”, in: G. Jahr u. W. Maihofer (Hg.), *Rechtstheorie. Beiträge zur Grundlagendiskussion*, Frankfurt a.M. 1971, S. 62-120.

Ernst Cassirer, *Kants Leben und Lehre*, Darmstadt 1977.

Christian August Crusius, *Anweisung vernünftig zu leben*, Leipzig 1744.

Jürgen Habermas, *Der philosophische Diskurs der Moderne. Zwölf Vorlesungen*, Frankfurt a.M. 1985.

Ǻnund Haga, „Phenomenology and Self-Reflection“, in: Zeitschrift für allgemeine Wissenschaftstheorie, Bd. XIV, Heft 1, 1985, S. 25-46.

Georg Wilhelm Friedrich Hegel, *Phänomenologie des Geistes*, hrsg. von Johannes Hoffmeister, Hamburg 1948.

Thomas Hobbes, *Leviathan oder Stoff, Form und Gewalt eines kirchlichen und bürgerlichen Staates,* hrsg. von Iring Fetscher, Frankfurt a.M. 1984.

Thomas Hobbes, *De cive*; deutsch: *Vom Menschen. Vom Bürger*, eingel. u. hrsg. von Günter Gawlick, Hamburg 1959.

David Hume, *Ein Traktat über die menschliche Natur*, Hamburg 1973.

Edmund Husserl, *Die Krisis der europäischen Wissenschaften und die transzendentale Phänomenologie*. Husserliana Bd. VI, Haag 1976.

Immanuel Kant. Sein Leben in Darstellungen von Zeitgenossen. Die Biographien von Borowski, Jachmann und Wasianski, hrsg. von Felix Groß, Darmstadt 1980.

Richard Kroner, *Von Kant bis Hegel*, 2 Bände, Tübingen 1921.

Wolfgang Kuhlmann, *Reflexion und kommunikative Erfahrung. Untersuchungen zur Stellung philosophischer Reflexion zwischen Theorie und Kritik*, Frankfurt a.M. 1975.

Theodor Litt, *Hegel. Versuch einer kritischen Erneuerung*, Heidelberg 1953.

C.B. Macpherson, *Die politische Theorie des Besitzindividualismus. Von Hobbes bis Locke*, Frankfurt a.M. 1973.

Moses Mendelssohn, *Ästhetische Schriften in Auswahl*, hrsg. von Otto F. Best, Darmstadt 1974.

Karl Vorländer, *Kants Leben.* Neu herausgegeben von Rudolf Malter, Hamburg [3]1974.

Karl Vorländer, *Immanuel Kant. Der Mann und das Werk.* Zweite erweiterte Auflage, Hamburg 1977.

b) Weiterführende Literatur

Karl-Otto Apel, „Von Kant zu Peirce: Die semiotische Transformation der Transzendentalen Logik“, in: ders., *Transformation der Philosophie. Bd. 2: Das Apriori der Kommunikationsgemeinschaft*, Frankfurt a.M. 1973, S. 157-177.

Karl-Otto Apel, *Paradigmen der Ersten Philosophie. Zur reflexiven – transzendentalpragmatischen – Rekonstruktion der Philosophiegeschichte*, Frankfurt a.M. 2011.

Hannah Arendt, *Vom Leben des Geistes. Das Denken/Das Wollen*. 2 Bände, München 1979.

Arsenij Gulyga, *Immanuel Kant*. Aus dem Russischen übertragen und mit einem Nachwort versehen von Sigrun Bielfeldt, Frankfurt a.M. 1981.

Karl-Heinz Ilting, „Der naturalistische Fehlschluß bei Kant“, in: M. Riedel (Hg.), *Rehabilitierung der praktischen Philosophie*, Freiburg i.Br. 1972, Bd.1, S. 113-130.

Immanuel Kant in Selbstzeugnissen und Bilddokumenten. Dargestellt von Uwe Schultz, Reinbek bei Hamburg 1965 (rowohlts monographien).

Karl Jaspers, *Die großen Philosophen*, München 1959.

Kant in der Diskussion der Moderne, hrsg. von Gerhard Schönrich u. Yasushi Kato, Frankfurt a.M. 1996.

Friedrich Kaulbach, *Das Prinzip Handlung in der Philosophie Kants*, Berlin/New York 1978.

Wolfgang Kuhlmann, *Kant und die Transzendentalpragmatik*, Würzburg 1992.

Audun Øfsti, *Abwandlungen. Essays zur Sprachphilosophie und Wissenschaftstheorie,* Würzburg 1994.

Reiner Wimmer, *Universalisierung in der Ethik*, Frankfurt a.M. 1980.

BILDNACHWEIS

S. 27:
https://de.m.wikipedia.org/wiki/Datei:Immanuel_Kant_(painted_portrait).jpg

S. 35:
https://commons.wikimedia.org/wiki/File:Kant_doerstling2.jpg

S. 43:
https://commons.wikimedia.org/wiki/File:Kant_nach_Veit_Hanns_Schnorr_von_Carolsfeld.jpg

S. 61:
https://de.m.wikipedia.org/wiki/Datei:Monument_of_Immanuel_Kant_-_panoramio.jpg

S. 64:
https://commons.wikimedia.org/wiki/File:Autograph-ImmanuelKant.png

Einführungen: Philosophie

Friedbert Stühler
Auf den Spuren der Kritischen Theorie und der modernen Sozialphilosophie
W. Benjamin, Th. W. Adorno, G. Anders, J. Habermas, B. Pörksen/F. Schulz von Thun, J. Bauer und H. Rosa
Bd. 29, 2022, 274 S., 29,90 €, br., ISBN 978-3-643-14985-5

Pierre-André Stucki
Exercices de philosophie
Aux origines de la modernité, de Luther à Leibniz
Bd. 28, 2019, 274 S., 29,90 €, br., ISBN 978-3-643-80312-2

Marie-Laure Wieacker-Wolff
Der glückliche Sisyphus – Albert Camus
Camus Ethik in neuem Kontext von Bild und Wort
Bd. 26, 2020, 134 S., 19,90 €, br., ISBN 978-3-643-14151-4

Lukas Ohler
Eine kleine Einführung in die Formale Logik
Bd. 25, 2018, 142 S., 19,90 €, br., ISBN 978-3-643-14019-7

Boris Röhrl
Marxist Philosophy and Art History
Introduction, Development, Terminology
vol. 24, 2018, 142 pp., 29,90 €, br., ISBN-CH 978-3-643-91003-5

Boris Röhrl
Marxistische Philosophie und Kunstgeschichte
Einführung, Entwicklung, Terminologie
Bd. 23, 2018, 148 S., 19,90 €, br., ISBN 978-3-643-13993-1

Hermann Baum
Schlüsselfragen großer Philosophen – Band 2
In 25 neuen Geschichten entschlüsselt
Bd. 22, 2018, 152 S., 19,90 €, br., ISBN 978-3-643-13999-3

Hermann Baum
Schlüsselfragen großer Philosophen
In 25 kleinen Geschichten neu entschlüsselt
Bd. 21, 2017, 150 S., 24,90 €, br., ISBN 978-3-643-13894-1

Edgar Morscher
Die wissenschaftliche Definition
Bd. 20, 2017, 424 S., 39,90 €, br., ISBN 978-3-643-50806-5

Maria Nühlen
Kultur – also sind wir!
Eine Einführung in die Kulturphilosophie
Bd. 19, 2016, 316 S., 29,90 €, br., ISBN 978-3-643-13511-7

Reinhard Hesse
What is Philosophy About?
Fundamental philosophical questions between truth and power
vol. 18, 2016, 100 pp., 29,90 €, gb., ISBN-CH 978-3-643-80221-7

LIT Verlag Berlin – Münster – Wien – Zürich – London
Auslieferung Deutschland / Österreich / Schweiz: siehe Impressumsseite

Klaus Goergen
Zugänge zur Ethik
Allgemeine und angewandte Ethik im Überblick
Bd. 16, 2010, 232 S., 19,90 €, br., ISBN 978-3-643-10804-3

Norbert Campagna
Francisco de Vitoria: Leben und Werk
Zur Kompetenz der Theologie in politischen und juridischen Fragen
Bd. 15, 2010, 248 S., 24,90 €, br., ISBN-CH 978-3-643-90052-4

Thomas von Aquin
De Ente et Essentia. Vom Seienden und Wesen
Lateinisch – Deutsch. Übertragen und eingeleitet von Dieter Knoch
Bd. 14, 2010, 248 S., 29,90 €, br., ISBN 978-3-8258-1463-2

Reinhard Hesse
Worum geht es in der Philosophie?
Grundfragen der Philosophie zwischen Wahrheit und Macht
Bd. 13, 2008, 112 S., 14,90 €, br., ISBN-DE 978-3-8258-1187-7,
ISBN-CH 978-3-03735-243-4

Reinhard Kamitz
Logik – Faszination der Klarheit
Eine Einführung für Philosophinnen und Philosophen mit zahlreichen Anwendungsbeispielen. Band 2
Bd. 12, 2007, 656 S., 59,90 €, br., ISBN-DE 978-3-8258-0860-0,
ISBN-CH 978-3-03735-982-2

Reinhard Kamitz
Logik – Faszination der Klarheit
Eine Einführung für Philosophinnen und Philosophen mit zahlreichen Anwendungsbeispielen. Band 1
Bd. 11, 2007, 752 S., 59,90 €, br., ISBN-DE 978-3-8258-0859-4,
ISBN-CH 978-3-03735-981-5

Joerg H.Y. Fehige
Sexualphilosophie
Eine einführende Annäherung
Bd. 10, 2007, 168 S., 19,90 €, br., ISBN 978-3-8258-0842-6

Hans Lenk
Einführung in moderne philosophische Anthropologie
Bd. 9, 2013, 328 S., 24,90 €, br., ISBN 978-3-8258-0393-3

Ulrich Sonderfeld (Hrsg.)
Jesus bei den Philosophen
Blicke von außen bei Kant, Hegel, Nietzsche, Camus, Bloch und anderen
Bd. 7, 2006, 168 S., 17,90 €, br., ISBN 3-8258-9245-X

C. Ulises Moulines
Die Entwicklung der modernen Wissenschaftstheorie (1890 – 2000)
Eine historische Einführung
Bd. 6, 2008, 216 S., 17,90 €, br., ISBN 978-3-8258-8965-4

LIT Verlag Berlin – Münster – Wien – Zürich – London
Auslieferung Deutschland / Österreich / Schweiz: siehe Impressumsseite

Ethik und Wirtschaft im Dialog

im Auftrag des Hans Jonas-Zentrums e. V. hrsg. von Thomas Bausch (Berlin), Dietrich Böhler (Berlin), Horst Gronke (Berlin), Hans H. Hinterhuber (Innsbruck), Wolfgang Kuhlmann (Aachen), Manfred Nitsch (Berlin), Thomas Rusche (Berlin) und Michael Stitzel (Berlin)

Thomas Rusche
Unternehmensethik
Vernünftig begründen und erfolgreich anwenden
Bd. 16, 2020, 606 S., 88,80 €, br., ISBN 978-3-643-14628-1

Yaling Luo
Naturschutz und Umweltschutz als moralische Verpflichtung?
Erörterung unter besonderer Berücksichtigung der Diskursethik
Bd. 15, 2008, 224 S., 19,90 €, br., ISBN 978-3-8258-1710-7

Thomas Bausch (Hrsg.)
Normativität und Anwendungsbedingungen einer Wirtschafts- und Unternehmensethik in Marktwirtschaftlichen Wettbewerbsstrukturen
Mit Beiträgen von Dietrich Böhler, Josef Wieland, Friedhelm Hengsbach, Thomas Rusche
Bd. 14, 2008, 248 S., 24,90 €, br., ISBN 978-3-8258-1619-3

Veit Thomas
Würde und Verhältnismäßigkeit
Grundbegriffe der Zivilisierung wirtschaftspolitischen Handelns
Bd. 13, 2007, 464 S., 49,90 €, br., ISBN 978-3-8258-9783-3

Thomas Bausch; Dietrich Böhler; Thomas Rusche (Hrsg.)
Wirtschaft und Ethik
Strategien contra Moral? Mit Beiträgen von Karl Homann, Horst Steinmann, Peter Ulrich u. a.
Bd. 12, 2004, 304 S., 24,90 €, br., ISBN 3-8258-7464-8

Max M. Schlereth
Unternehmerisches Sein zwischen Realismus und Kunst
Ein philosophischer Versuch zur Unternehmensführung
Bd. 11, 2. Aufl. 2009, 240 S., 20,90 €, br., ISBN 978-3-8258-4361-8

Friedrich Ludwig Nill
Strategische Unternehmensführung aus ethischer Perspektive
Mit einem Vorwort von Prof. Dr. Hans Hinterhuber
Bd. 7, 1995, 240 S., 30,90 €, br., ISBN 3-8258-2300-8

Stephan Wittmann
Praxisorientierte Managementethik
Gestaltungsperspektiven für die Unternehmensführung
Bd. 6, 1994, 232 S., 20,90 €, br., ISBN 3-8258-2101-3

Thomas Rusche
Aspekte einer dialogbezogenen Unternehmensethik
Dialogbezogene Begründung – Christliche Motivation – verantwortungsvernünftige Praxis. Mit einem Nachwort von Dietrich Böhler
Bd. 4, 2. Aufl.2002, 288 S., 29,90 €, br., ISBN 3-89473-680-1

LIT Verlag Berlin – Münster – Wien – Zürich – London
Auslieferung Deutschland / Österreich / Schweiz: siehe Impressumsseite

Lehr- und Studienbücher zur Philosophie

Rudolf Lüthe
Diesseits des Wissens
Grundzüge einer skeptischen Philosophie des religiösen Glaubens
Dieses Lehr- und Studienbuch präsentiert in systematischer Absicht sechs verschiedene rationale Zugänge zum religiösen Glauben: den humanistischen, den romantischen, den ethischen, den spirituellen sowie den agnostischen und schließlich den mythischen Zugang zur Religion. In kritischer Auseinandersetzung mit deren Repräsentationen innerhalb der aktuellen Diskussion (Tetens, Gerhardt, Rohs, Schneider, Detel, Schröder u. a) prüft Lüthe die jeweiligen Merkmale im Bereich der rationalen Theologie: Daraus entwickelt er philosophisch lehrreich das Konzept einer skeptisch geläuterten Form von Religiosität. Ein wesentliches Element dieser Philosophie des religiösen Glaubens ist die konsequente Unterscheidung von religiösen Meinungen und (methodisch geprüften) religiösen Überzeugungen.
Bd. 3, 2023, 154 S., 29,90 €, br., ISBN 978-3-643-15353-1

Wulf Kellerwessel
Religionskritik in der Perspektive theoretischer Philosophie
Einführung – Überblick – Diskussionen
Diese Einführung behandelt die Geschichte und die Hauptthemen der theoretischen philosophischen Religionskritik vom Mittelalter bis in die Gegenwart. In hohem Maße einbezogen ist die philosophische Religionskritik durch die Analytische Philosophie. Dabei wird mit Mitteln der Analytischen Philosophie auch die zeitgenössische Analytische Religionsphilosophie kritisch untersucht. Schwerpunkte bilden die kontroversen Diskussionen um die „Gottesbeweise“, die angenommenen Eigenschaften Gottes wie Allmacht oder Allwissenheit, das Theodizeeproblem, die aufklärerische Religionskritik, die Kritik an der Religion im Wiener Kreis, im Kritischen Rationalismus und in der modernen sprachanalytischen Philosophie.
Bd. 2, 2017, 196 S., 24,90 €, br., ISBN 978-3-643-12797-6

Wolfgang Lenzen
Sex, Leben, Tod und Gewalt
Eine Einführung in die angewandte Ethik / Bioethik
Auf der Basis einer unkontroversen „Minimalethik“, dem Nichtschädigungsprinzip „Neminem laede“, setzt sich das Buch mit einem weiten Spektrum brisanter moralischer Fragen auseinander. Diskutiert werden zentrale Probleme des Alltags, speziell solche der Sexualmoral (u.a. Homosexualität, „Unzucht“, Ehebruch, Pornographie, Prostitution), der Bioethik (u.a. Abtreibung, Sterbehilfe, Organhandel, Klonen, Prä-Implantations–diagnostik, Embryonenforschung), der Tierethik sowie der ethischen Zulässigkeit staatlicher Gewalt im Kontext „humanitärer Interventionen“ und der Anwendung von „Folter“ zum Beispiel zur Abwehr terroristischer Bedrohungen.
Bd. 1, 2013, 344 S., 19,90 €, br., ISBN 978-3-643-11151-7

LIT Verlag Berlin – Münster – Wien – Zürich – London
Auslieferung Deutschland / Österreich / Schweiz: siehe Impressumsseite